CW00521091

Daytrading für Einsteiger

Thomas Dahlmann

Inhaltsverzeichnis

1 | Vorwort

Es gibt tausend Möglichkeiten, Geld loszuwerden, aber nur zwei, es zu erwerben: Entweder wir arbeiten für Geld – oder das Geld arbeitet für uns. (Bernard Mannes Baruch)

Geld ist nicht alles im Leben und macht auch nicht immer glücklich, aber es gibt uns viele Freiheiten und Möglichkeiten. Wenn wir kein Geld haben nimmt es eine viel zu wichtige Rolle in unserem Leben ein.

Deshalb geht es in diesem Buch um finanzielle Freiheit. Wie auch Sie es schaffen können, mehr Geld zu verdienen, freier zu sein und das Ihr Geld für Sie arbeitet.

Dies ist keine Anleitung zum schnellen Reichtum. Daytrading ist auch Arbeit, erfordert Disziplin, Motivation und Fachwissen. Aber in dem Moment wo Sie das erste mal nur mit Ihrem Laptop völlig ortsunabhängig Ihr erstes Geld verdienen wird sich diese Arbeit auszahlen.

In diesem Buch erfahren Sie die wichtigsten Grundlagen über die Börse und den erfolgreichen Handel als Daytrader. Viele schrecken vor den Begriffen Börse und Daytrading zunächst zurück, da sie zugleich mit Fremdbegriffen konfrontiert werden oder sich mit dem scheinbar komplizierten Thema bisher noch nicht beschäftigt haben. Hier kann ich Sie beruhigen, denn Daytrading ist keine Wissenschaft, für die Sie studieren oder zahlreiche Lehrgänge absolvieren müssen. Vielmehr werden Sie nach Lesen dieses Ratgebers schon zu einem Einstieg in die Börsengeschäfte bereit sein.

Ziel dieses Buches ist es, Sie über die Grundlagen der Börse, die unterschiedlichen Finanzprodukte, die psychologischen Aspekte des Daytradings, bis hin zu vollautomatisierten Handelssystemen und Social-Trading zu informieren. Obwohl Daytrading ein sehr weites Feld und Ihre Reise in diese Welt nach dem Lesen eines Buches nicht abgeschlossen ist, werden Sie durch diesen Ratgeber einen Börsenüberblick haben, die wichtigsten Grundlagen kennen und mögliche Handelsstrategien nachvollziehen können.

Ich wünsche Ihnen viel Erfolg auf diesem Wege und hoffe, dass Sie Ihre persönlichen Ziele erreichen.

Bei Fragen oder Anmerkungen zum Buch oder Thema können Sie mich gerne kontaktieren. Sie erreichen mich über die Webseite zum Buch: http://daytradingbuch.de. Dort finden Sie auch weitere aktuelle Informationen und Hinweise, die den Einstieg in die Welt der Börse erleichtern.

Kostenlose Zusatzinhalte auf der Webseite zum Buch

Sie können sich auf der Webseite zum Buch kostenlos mit Ihrer E-Mail Adresse eintragen und erhalten alle Grafiken des Buches in einer hochauflösenden Version. Zusätzlich gibt es Videos, Strategien, Übungsaufgaben, Lösungen und andere Zusatzinhalte, welche regelmäßig aktualisiert werden.

http://daytradingbuch.de

2 | Einleitung

2.1 Daytrading - ein Überblick

Daytrading bedeutet wörtlich übersetzt Tageshandel. Innerhalb eines Tages werden Produkte gekauft und wieder verkauft. Die im Buch vorgestellten Strategien und Prinzipien gelten aber genauso für längere Handelszeiträume von mehreren Tagen, Wochen oder Monaten.

2.1.1 Was wird beim Daytrading gehandelt?

Beim Daytrading handeln Sie mit verschiedenen Finanzprodukten. Diese umfassen unter anderem:

- Aktien
- Rohstoffe: Gold, Silber, Platin, Kupfer, Öl, Gas, Lebensmittel wie Soja, Reis, Mais, Getreide uvm.
- CFD (Contract for Difference)
- Devisen: auch Währungshandel oder Forex genannt
- ETF (Exchange Traded Fonds)

- Binäre Optionen

- Futures

- Optionsscheine

- Indizies

- Futures

Dies ist nur eine Auswahl an Finanzprodukten, die später noch ausführlicher erläutert werden. Bei den Finanzprodukten ist es nicht anders als bei der vielfältigen Produktauswahl im Supermarkt: Selbst bei einem einfachen Produkt wie einer Erdbeermarmelade gibt es etliche Varianten, von zuckerfrei, über zuckerreduziert, mit Stücken, ohne Stücke, Bio, glutenfrei und viele mehr.

2.1.2   Wo wird gehandelt?

Als Daytrader handeln Sie an den Börsen dieser Welt. Börsen sind Supermärkte für Finanzprodukte. Es gibt nicht nur eine Börse, sondern genau wie beim Supermarkt viele verschiedene, die über die ganze Welt verteilt sind. Fast jedes Land auf der Erde hat mindestens eine Börse, in Deutschland gibt es zum Beispiel Börsen in Frankfurt und Stuttgart.

Da der Handel heutzutage jedoch überwiegend online stattfindet, spielt der Börsenstandort keine so große Rolle mehr. Sie bestimmen selbst von wo aus Sie handeln.

2.1.3   Wann wird gehandelt?

Die Handelszeit richtig sich nach den Öffnungszeiten der jeweiligen Börse und den gehandelten Märkten. Da die Börsen in unterschiedlichen Ländern liegen, unterscheiden sich auch die Zeitzonen oder mögliche Feiertage. Sie können eine Aktie in Frankfurt um 15 Uhr für 100 Euro kaufen und zum gleichen Zeitpunkt in London für 105 Euro verkaufen. In London ist es 14 Uhr und die Nachfrage nach dieser Aktie kann höher sein, wodurch auch ihr Preis steigt. Sie hätten fünf Euro Gewinn erzielt. Während London sich nur um eine Stunde unterscheidet, liegt Tokio beispielsweise 8 Stunden voraus. Die Öffnungszeiten der Aktienbörsen entsprechen ungefähr einem normalen Arbeitstag. Die Devisenmärkte sind jedoch rund um die Uhr handelbar, außer am Wochenende. Von daher gibt es keine eindeutige Handelszeit.

Der Vorteil für Sie ist, das Sie selbst bestimmen können, zu welcher Zeit Sie bevorzugt handeln. Abhängig von Ihrer Strategie und Ihrer persönlichen Zeiteinteilung, gibt es für jede Handelszeit einen Markt.

2.1.4 Wie wird beim Daytrading gehandelt?

Früher handelte man telefonisch. Sie kennen vielleicht noch die Szenen aus Filmen, in denen in einem großen Handelsraum der Börse hunderte Männer im Anzug schreiend an Telefonhörern hingen. Diese Handelsräume gibt es bis heute, jedoch wird heutzutage immer mehr über das Internet gehandelt.

Sie können, wie beim modernen Online-Shopping, bequem von zu Hause an den Börsen dieser Welt handeln. Daytrading ist ortsunabhängig. Mit einem Cocktail in der Hängematte unter Palmen liegen oder im einsamen Ferienhaus im Wald - alles, was Sie benötigen, ist ein Computer mit Internetzugang. Computer umfasst damit im weitesten Sinne alle Geräte, auf denen ein moderner Webbrowser läuft, also auch

Smartphones oder Tablets.

Wie beim Online-Shopping wählen Sie Ihr Produkt aus und kaufen bzw. verkaufen dieses. Alles bequem per Mausklick, allerdings mit einem Unterschied: Der Zeitpunkt, wann Sie kaufen oder verkaufen, entscheidet über Gewinn oder Verlust. Im Laufe des Buches lernen Sie, wann der beste Zeitpunkt für einen Handel ist.

2.1.5   Wer handelt an den Börsen?

Von Firmen, Institutionen und Banken bis hin zu Kleinstanlegern und privaten Händlern ist alles dabei. Eine bunte Mischung aus Menschen und Firmen, von denen jeder auf eigene Weise mit individuellen Strategien, Träumen, Zielen und Methoden handelt. Die Deutschen sind bei Börsengeschäften im Vergleich zu anderen Ländern wie den USA jedoch noch sehr zurückhaltend. Weniger als 10% der Deutschen besitzen Aktien. Bei den Amerikanern sind es immerhin 56% und auch bei unseren europäischen Nachbarländern ist der Wert deutlich höher.

2.1.6   Warum Daytrading?

- finanzielle Freiheit

- hohe Verdienstmöglichkeit

- Steuervorteile

- Ortsunabhängigkeit

- freie Zeiteinteilung

- Skalierbarkeit

- Ausgleich von Inflation und Negativzinsen

Auf das ausführliche Warum gehe ich im folgenden Abschnitt ein.

2.2 Warum Daytrader werden?

Jeder hat seine eigenen Ziele, Wünsche und Träume. Deshalb ist die Motivation mit dem Daytrading anzufangen immer unterschiedlich.

2.2.1 Freiheit

Sie können überall und jederzeit Geld verdienen, ohne Chef und Kunden, die Ihnen Vorschriften machen.

Sie sind ebenfalls frei von einem ortsgebundenen Büro oder Arbeitsplatz. Egal, ob am Strand, im abgelegenen Ferienhaus oder im Pool, traden können Sie überall, ohne jemandem Rechenschaft schuldig zu sein oder sich nach anderen richten zu müssen.

Ein weiterer Punkt ist finanzielle Freiheit. In dem Moment, wenn die Sorge um die finanzielle Absicherung entfällt, können Sie sich frei entfalten. Oft hört man den Satz: „Ich würde ja gerne dieses oder jenes machen, aber ich muss arbeiten und Geld verdienen". Beim Trading verdient Ihr Geld das Geld für Sie. Sie arbeiten weniger und widmen sich mehr Ihren Leidenschaften.

Der letzte Aspekt der Freiheit ist, dass Sie Ihre Zeit frei einteilen können. Die Börsen haben nahezu jederzeit geöffnet. Wenn die deutschen Börsen schließen, traden Sie in Australien, in den USA oder wie wäre es mit Tokio?

2.2.2 Skalierbarkeit

Was denken Sie, welche Jobs wirklich reich machen? Als Arzt zum Millionär? Als Politiker, Unternehmensberater oder doch eher Anwalt? Sicher verdienen all diese Berufe deutlich mehr als den Mindestlohn, dennoch ist die Chance, finanziell frei zu werden gering. Selbst wenn Sie 1.000 Euro pro Stunde verdienen würden, gibt es ein maximales Einkommen, über das Sie nicht hinauskommen. Das liegt daran, dass diese Berufe nicht skalierbar sind, was bedeutet, dass Sie immer nur für einen Kunden oder Patienten gleichzeitig Zeit haben. Angenommen, Sie arbeiten 8 Stunden am Tag, dann beträgt Ihr maximaler Lohn pro Tag 8.000 Euro. Wenn Sie jetzt denken, damit lässt sich doch ganz gut ein bescheidenes Leben führen, stimme ich Ihnen natürlich zu, aber das Ganze dient auch nur als Beispiel zur Verdeutlichung.

Beim Daytrading sieht die Situation anders aus. Der Aufwand, eine Aktie zu kaufen, ist genauso hoch wie der Aufwand, 10 oder 10.000 Aktien zu kaufen. Wenn Sie mit einer Aktie 10 Euro Gewinn erzielen, könnten Sie mit dem gleichen persönlichen Zeitaufwand 100.000 Euro Profit machen, wenn Sie 10.000 Aktien gekauft hätten.

Deshalb handelt es sich beim Daytrading um eine skalierbare Tätigkeit, skaliert über Ihr Einsatzkapital, theoretisch ohne Grenzen.

2.2.3 Kapitalerhalt

Selbst wenn Sie nicht an den großen Gewinnen interessiert sind, verliert Ihr Erspartes durch Inflation jedes Jahr an Wert. Die einzige Alternative, den Wert Ihres Geldes zu erhalten, ist, es zu investieren.

2.2.4 Steuern

Der Spitzensteuersatz liegt derzeit in Deutschland bei 42%. Bei Finanzgeschäften zahlen Sie nur die sogenannte Kapitalertragssteuer. Hier beträgt der Steuersatz 25% zuzüglich Solidaritätszuschlag und ggf. Kirchensteuer. Sie zahlen also weniger Steuern im Vergleich zu Ihrer eigenen vergüteten Arbeit, sofern Sie entsprechend hoch eingestuft sind.

2.2.5 Altersvorsorge

Daytrading ist eher auf den kurzfristigen Handel ausgelegt. Aber die gleichen Mechanismen und Strategien gelten auch für langfristige Anlagen.

Als Daytrader verstehen Sie sowohl die Börse als auch entsprechende Anlagestrategien für eine bessere private Altersvorsorge und sind von einer unsicheren staatlichen Altersrente unabhängig.

Insbesondere Aktien von soliden Firmen mit realem Gegenwert (Gebäude, Maschinen, Waren), stellen eine gute zusätzliche Altersvorsorge dar, da sie teilweise noch jährlich Renditen erwirtschaften. Anlageformen wie der DAX (Deutscher Aktien Index, bildet den Wert der 30 größten deutschen Unternehmen ab) erzielen trotz Krisen wie 2008, auf die letzten 25 Jahre gesehen, eine vielfach höhere Rendite als die Riesterrente, Staatsanleihen oder andere Anlageformen. Gold beispielsweise, auch in Form von Münzen oder Barren, eignet sich ebenfalls hervorragend als Werterhalt, da dessen Kaufkraft über die letzten 100 Jahre ungefähr gleich blieb und daher in Krisenzeiten gern gekauft wird.

2.2.6 Interessantes Thema

Viele lesen sicher lieber den Sportteil der Zeitung als die Wirtschaftsnachrichten. Aber unser Leben ist die Summe unser Entscheidungen. Jede Handlung bringt uns näher an unsere Ziele heran oder entfernt uns von ihnen. Fragen Sie sich selbst, welches Wissen Ihnen weiter hilft? Es reicht ja auch nach dem Sportteil oder der Lieblingsserie, sich jeden Tag ein paar Minuten mit aktuellen wirtschaftlichen Themen zu befassen. Wenn Sie sich mit Börsenthemen befassen, erhalten Sie Einblicke darin, wie die Welt um uns herum funktioniert und wie Sie davon profitieren. Das Interessante ist, dass Sie das Wissen direkt anwenden können und Ihre finanzielle Situation verbessern können.

2.2.7 Eigenverantwortung

An der Börse entscheiden Sie ganz alleine über Ihren Erfolg oder Misserfolg. Nicht der Markt, nicht der Chef, nicht die Kollegen. Sie alleine tragen die Verantwortung und ebenso profitieren Sie alleine auch davon. Ihre eigene Leistung spiegelt sich somit direkt in Ihren Erfolgen wieder und Sie alleine sind der Schlüssel zum Erfolg und aber auch der Ansatzpunkt für Verbesserungen.

2.3 Voraussetzungen zum Daytraden

Sie benötigen nicht viel, um erste Erfahrungen als Daytrader zu sammeln. Wie sagt man so schön, "Innerhalb weniger Minuten können Sie beginnen und doch benötigt es ein ganzes Leben, um es zu meistern". Was genau Sie brauchen, wird nachfolgend erläutert. Besuchen Sie hierfür auch die Webseite zum Buch unter http://daytradingbuch.de. Dort finden

Sie unter anderem Empfehlungen für Broker und Handelsplattformen, damit Sie sofort parallel zum Lesen des Buches
beginnen können.

2.3.1 Daytrading Broker

Zuerst benötigen Sie einen Broker. Das Wort Broker stammt
aus dem Englischen und bedeutet übersetzt Makler, Vermitt-
ler oder Zwischenhändler. Genau das tut ein Broker: Er ver-
mittelt Ihre Kauf- und Verkaufsaufträge und verwaltet Ihre
gekauften Finanzprodukte. So, wie Sie eine Bank benötigen,
um ein Konto zu führen und Geld zu überweisen, benötigen
Sie einen Broker, um Aktien oder andere Finanzprodukte zu
kaufen und Ihr Depot zu verwalten. Ein Depot ist die Samm-
lung aller Aktien, die Sie gekauft haben. Oftmals sind Banken
gleichzeitig auch Broker, aber zu schlechteren Konditionen
als darauf spezialisierte Anbieter. Die Wahl des richtigen Brokers macht einen entscheidenden Unterschied zwischen Erfolg und Misserfolg.

Folgende Punkte sind wichtige Kriterien bei der Auswahl eines Brokers:

- Gehandelte Produkte sind das Top-Kriterium, wenn Sie
  sich für einen Broker entscheiden. Es gibt beispielsweise reine Forex-Broker, andere bieten CFDs oder Aktien

- Gebühren: Hier unterscheiden sich die Broker. Für
  einen Daytrader, der viel handelt, sind niedrige Gebühren wichtig.

- Sitz des Brokers: Je nach Land unterscheiden sich die
  staatlichen Regulierungen, steuerlichen Bedingungen
  und Zugriffsmöglichkeiten der Steuerbehörden.

- Einlagensicherung: Deutsche Banken beispielsweise bieten in der Regel eine Einlagensicherung an. Das bedeutet, wenn Ihre Bank zahlungsunfähig wird, haften andere Banken für einen Teil Ihres Geldes.

- Regulierung / zuständige Finanzaufsichtsbehörde

- Methoden zur Ein- und Auszahlung

- Schnittstellen: Welche Handelssoftware können Sie benutzen und welche Kursdaten erhalten Sie von Ihrem Broker.

- Daytrading-Software des Brokers

- Art des Marktzugangs

- Eröffnungsbonus: Bei einigen Brokern erhalten sie kostenlos nach der Anmeldung ein Startguthaben, so dass Sie innerhalb weniger Minuten mit dem Handel beginnen können.

Eine Auswahl empfehlenswerter Broker finden Sie immer aktuell auf der Webseite. Dort sind die entsprechenden Kriterien nochmals aufgelistet und konkrete Empfehlungen, welche Broker für das jeweilige Finanzprodukt geeignet sind.

Die Eröffnung eines Handelskontos geht schnell, teilweise in nur wenigen Minuten. Der Broker benötigt dazu von Ihnen die üblichen Angaben wie Name oder Adresse und zusätzlich eine Risikoauskunft. Als Daytrader handeln Sie überwiegend mit gehebelten Finanzprodukten. Welche genau das sind, wird noch ausführlich erläutert.

Wichtig ist zu wissen, dass diese zur höchsten Risikoklasse gehören. Daher sichern sich Finanzinstitute meist durch einen Fragebogen ab, in dem sie Ihre bisherigen Börsenerfahrungen abfragen. Diese Angaben sind nicht prüfbar oder verbindlich, es ist also Ihrer ehrlichen Selbsteinschätzung überlassen, welches Risiko Sie sich zutrauen. Um Sie auf diese Risiken vorzubereiten, ist dieses Buch an Ihrer Seite.

Wenn Sie das Handelskonto bei Ihrem Broker eröffnet haben, sind Sie bereits erfolgreich den ersten Schritt Ihrer neuen Daytrading-Karriere gegangen.

2.3.2 Trading-Computer

Kurz und knapp gesagt: Sie benötigen kein spezielles oder besonders aktuelles Gerät. Wenn Sie mit einem Browser online sind und ein Handelskonto bei einem Broker eröffnet haben, erfüllen Sie bereits die wichtigsten Voraussetzungen.

Ich empfehle Ihnen, am Anfang kein Geld für einen neuen Computer auszugeben, investieren Sie besser in Ihr Wissen oder vermehren Sie Ihr Geld durch erfolgreiches Daytrading, anstatt es auszugeben.

Jeder aktuelle Computer ist ausreichend. Achten Sie auf mehr als 512MB Arbeitsspeicher und suchen Sie für den Komfort einen vernünftigen Arbeitsplatz mit einer ordentlichen Maus und Tastatur.

Viel wichtiger als der Computer ist ein großer Bildschirm mit einer hohen Bildschirmauflösung oder verwenden Sie mehrere Monitore. Bei Ihrer Arbeit als Daytrader analysieren Sie die Kursverläufe und Ereignisse der Märkte. Mit mehreren Monitoren haben Sie immer einen besseren Überblick. Dies ist besonders nützlich, wenn Sie mehrere Märkte gleichzeitig handeln.

Die gleichen Anforderungen gelten für Notebooks.

Als Betriebssystem eignet sich jede der letzten Windows-Versionen ab Windows Vista. Empfehlenswert sind derzeit Windows 7 oder Windows 10. Einige Handelsplattformen gibt es auch für OS X und Linux.

2.3.3 Mobile Geräte

Alle aktuellen Android und Apple Smartphones/Tablets, die einen Browser installiert haben, sind für mobiles Trading geeignet. Die meisten Broker unterstützen verschiedene Handelsplattformen wie Metatrader, die es auch als App zum Download gibt.

2.3.4 Daytrading-Software

Die Daytrading-Software bildet die Schnittstelle zwischen Ihrem Computer und dem Broker. Mit dieser kaufen und verkaufen Sie Aktien und andere Finanzprodukte. Die Trading-Software zeigt Ihnen auch stets die aktuellen Kurse der Aktien, eine Übersicht über alle durchgeführten Transaktionen, die offenen Positionen und die erzielten Gewinne. Sie ermöglicht Ihnen auch, mit Hilfe von grafischen Werkzeugen oder Hilfsprogrammen Kursprognosen zu erstellen. Bei der Daytrading-Software gibt es verschiedene Ansätze, auf deren Vor- und Nachteile ich im folgenden Abschnitt eingehe.

Traden im Browser

Der große Vorteil ist, dass Sie sofort ohne zusätzliche Installation mit dem vorinstallierten Browser auf fast allen Betriebssystemen handeln können. Dazu rufen Sie die Webseite Ihres Brokers auf und führen alle Transaktionen direkt im Browser durch. Der Nachteil ist jedoch, dass die browserbasierte Software in der Regel nicht so schnell und zuverlässig wie eine heruntergeladene Anwendung funktioniert. Grade bei Flash- und Javabasierten Anwendungen kann es gelegentlich zu Abstürzen kommen, da Webbrowser in vielen verschiedenen Varianten und Versionen vorkommen, welche nicht alle immer zu 100% getestet werden können.

Für den Einstieg und um erste Erfahrungen zu sammeln, ist dies jedoch die bequemste Variante und ausreichend.

Desktop-Trading-Software

Eine Desktop-Trading-Software ist die bevorzugte Variante. Eine der beliebtesten Lösungen ist das kostenlose Handelsprogramm Metatrader. Metatrader gibt es derzeit in den zwei verbreiteten Versionen 4 und 5. Beide haben Vor- und Nachteile. Für Anfänger und die meisten fortgeschrittenen Benutzer ist es jedoch egal, für welche Version sie sich entscheiden.

Laden Sie sich kostenlos eine der beiden Metatrader Versionen als Daytrading-Software herunter. Vorher noch ein Hinweis: Viele der bekannten Broker unterstützen Metatrader direkt und bieten eigene Versionen an. Wenn Sie sich, wie im vorherigen Abschnitt beschrieben, bei einem Broker angemeldet haben, können Sie eine fertig konfigurierte Version des Programmes in Ihrem persönlichen Kundenbereich des Brokers herunterladen.

Einige Broker bieten auch selbstentwickelte Handelsplattformen an, und es gibt auch weitere interessante Alternativen wie Ninjatrader. Metatrader hat aber den großen Vorteil der weiten Verbreitung und ist für Sie komplett kostenlos. Die im Buch gezeigten Abbildungen entstammen ebenfalls direkt aus Metatrader. Alle erläuterten Konzepte können jedoch in jeder Handelssoftware umgesetzt werden.

Mobile-Trading

Die dritte Variante ist das Trading auf Tablet, Smartphone, iPhone oder iPad. Metatrader gibt es beispielsweise als App in den App-Stores. Auch andere Broker bieten ihre eigene Handelssoftware als App zum Download an. Im Zweifelsfall können Sie immer einen browserbasierten Zugang verwenden, welcher ebenfalls auf allen Endgeräten unterstützt wird.

Für ausführliche Analysen eignen sich mobile Geräte nicht, aber Sie können kurzfristig auf Marktereignisse reagieren, Nachrichten verfolgen und die offenen Positionen überwachen.

2.3.5 Internetverbindung

Damit sich Ihre Daytrading-Software mit dem Broker verbindet, benötigen Sie eine Internetverbindung. Die Bandbreite ist unwichtig, selbst wenn das mobile Datenvolumen aufgebraucht ist, können Sie noch handeln. Also ist jeder Kabel- oder DSL-Anschluss und jede Mobilfunkverbindung ausreichend. Wichtiger ist, dass die Verbindung stabil ist, damit Sie nicht aufgrund eines Verbindungsabbruchs Geld verlieren.

Fortgeschrittene Trader haben daher meist zwei Internetanbindungen. Hier reicht es, zu Hause die Hotspotfunktion eines mobilen Gerätes als Ersatzinternetanbindung zu nutzen. Im Ernstfall sind Sie damit schnell wieder online.

2.3.6 Das Daytrading-Startkapital

Wenn Sie die notwendige Hardware haben, benötigen Sie Startkapital für das Daytrading. Vorweg eine der wichtigsten Regeln für erfolgreiches Trading: Handeln Sie immer nur mit Beträgen, bei denen Sie einen Totalverlust hinnehmen können. Sollten Sie kein Kapital verlieren können, gehen Sie zum Abschnitt Demokonto.

Betrachten Sie Ihr Daytrading-Startkapital als Werkzeug. So wie der Maurer die Kelle und der Frisör die Schere nutzen, so arbeiten Sie mit Ihrem eingesetzten Startkapital. Im Abschnitt über Risikomanagement werde ich nochmals genauer auf den richtigen Umgang mit dem Startkapital eingehen.

Bereits 100 Euro Startkapital sind ausreichend. Sie können damit ein Mikrokonto bei einigen speziellen Brokern eröffnen. Diese entsprechen „normalen" Konten, aber die Positionsgrößen sind um den Faktor 1.000 kleiner. Wenn Sie also einen DAX Kontrakt für 10.000 Euro kaufen möchten, würde dieser auf einem Mikrokonto nur 10 Euro kosten. Die Gewinne fallen aber dadurch auch entsprechend kleiner aus. Hier gleich noch vorweg: 100 Euro sind ausreichend, um erste Erfahrungen zu sammeln, aber Sie werden damit keinen großen Reichtum in absehbarer Zeit erlangen, es sei denn, Sie haben sehr viel Glück. Glücksspiel ist jedoch nicht Inhalt dieses Buches und ist keine Grundlage für solides Daytrading. Falls Sie an dieser glücksspielorientierten Variante des Tradings Interesse haben, informieren Sie sich über Martingale-Strategien.

Wenn Sie jedoch mehr Startkapital einsetzen wollen, eröffnen Sie bei Ihrem Broker ein normales Konto. Die Wahl Ihres Startkapitals hängt in diesem Fall von den Märkten und Produkten ab, welche Sie handeln wollen. Wenn Sie die jeweils kleinsten Positionsgrößen bei den empfohlenen Brokern handeln wollen, benötigen Sie für ein Forex-Konto ca. 100 Euro, für den DAX-Handeln mit CFDs ca. 400 Euro und bei Aktien hängt der Wert vom Preis der Aktie ab. Betrachten Sie hierzu das Kapitel zu Risikomanagement. Um davon den eigenen Lebensunterhalt bestreiten zu können, sollten Sie mindestens 50.000 Euro zur Verfügung haben. Aber dies sind nur Richtwerte. Entscheidend ist Ihr Risikomangement und welche Produkte Sie handeln.

Ich empfehle Ihnen mit einem Echtgeldkonto und echtem Geld zu beginnen und nicht nur mit ein Demokonto, da unsere Psyche, die geistige Haltung einer der wichtigsten Erfolgsfaktoren beim Daytrading ist. Wenn Sie nur mit einem Demokonto üben, oder mit einem viel zu kleinen Betrag anfangen, sind Sie nicht dem realen Stress ausgesetzt wie bei echtem Geld. Wenn Sie einmal gesehen haben, wie Ihr Konto sich in wenigen Stunden vervielfacht, wenn Sie nach einem schlechten Trading-Tag kaum schlafen können, weil die Verluste Sie nicht loslassen oder Sie sich ärgern, dass Sie viel mehr hätten gewinnen können, wenn Sie solange versuchen, die Verluste wieder aufzuholen, bis alles weg ist, dann wissen Sie, wovon ich spreche. All das sind Erfahrungen, die viele Anfänger machen und die bei allen langfristig für Verluste sorgen.

Nur wenn Sie mit realem Geld handeln, lernen Sie, diese psychischen Faktoren zu kontrollieren.

2.3.7 Daytrading-Demokonto

Sie können bei den auf der Webseite empfohlenen Brokern ein Demokonto eröffnen. Bei einem Demokonto können Sie den Handel unter fast realen Bedingen mit der original

Daytrading-Software und echten Kursen ausprobieren, ohne jedoch eigenes Geld einzusetzen. Sie erhalten vom Broker meist einen Betrag zwischen 10.000 und 100.000 Euro Spielgeld. Mit diesem können Sie dann am echten Markt handeln, aber natürlich auch nur Spielgeld als Gewinn erzielen. Ich rate Ihnen, nicht mit einem Demokonto anzufangen, wenn Sie sich ernsthaft mit dem Traden befassen wollen.

Demokonten sind in erster Linie sinnvoll um:

- die Software auszuprobieren

- das Thema kennenzulernen

- wenn Sie noch minderjährig sind oder anderweitig kein Echtgeld-Konto eröffnen können

- ein Gefühl für einen neuen Markt zu bekommen

Einer der wichtigsten Erfolgsfaktoren beim Daytrading ist die Psyche. Haben Sie schon einmal in einer Pokerrunde ohne Geld gesessen? Alle Mitspieler gehen immer bis zum Ende mit und bluffen funktioniert nicht. Wie auch, wenn es nichts zu verlieren oder zu gewinnen gibt? Ähnlich ist es beim Trading. Erst mit echtem Geld lernen Sie, Ihre Emotionen bei Gewinnen und Verlusten zu kontrollieren und die angemessene emotionale Distanz zum Geld zu wahren.

Demokonten verhalten sich auch nicht exakt gleich zu realen Konten. In einem Demokonto werden Ihre Aufträge immer sofort ausgeführt. Beim realen Handeln kann es aber auch zu Teilausführungen oder Verzögerungen kommen. Dazu gibt es noch andere Unterschiede die an dieser Stelle jedoch noch zu weit führen würden.

Echtes Trading lernen Sie nur mit einem echten Konto. Wenn Sie jedoch noch unsicher sind und das Trading parallel zum Buch zunächst nur ausprobieren wollen, können Sie dies auch mit einem Demokonto. Machen Sie nur nicht den Fehler, zu lange mit Spielgeld zu handeln, und dabei zu glauben, dass Sie die gleichen Erfolge mit realem Geld genauso erzielen.

2.3.8 Zeitaufwand

Eine Frage, die besonders oft gestellt wird: Wie viel Zeit muss ich am Tag als Daytrader vor dem Computer sitzen? Das lässt sich nicht pauschal beantworten und hängt von Ihren Zielen, der Strategie und den gehandelten Märkten ab. Es gibt Trader, die nur zu den Öffnungs- und Schlusszeiten der Börsen handeln, da hier gewöhnlich die größten Schwankungen auftreten. Dies entspricht ungefähr einer Stunde am Tag.

Andere bevorzugen es ruhiger und handeln nachts an den asiatischen Börsen, bei diesen sind die Kursschwankungen deutlich geringer.

Von daher lässt sich kein konkreter Zeitaufwand benennen. Nehmen Sie sich ca. eine Stunde am Tag für Analysen und das Eintragen von Positionen. Die meiste Zeit läuft dann alles automatisiert ab. Nach Börsenschluss kontrollieren Sie die Ergebnisse und legen die Aufträge für den nächsten Tag an. Handelschancen gibt es aber genügend, von daher sind Sie auch nicht an feste Zeiten gebunden. Sie können sich Ihre Zeit frei einteilen.

Zeitaufwendiger sind größere Ereignisse wie BREXIT, EZB-Sitzungen, Wahlen, Veröffentlichungen von einem Spiel wie Pokemon Go oder ein VW-Abgasskandal. Alles was größere

Kursschwankungen auslöst, lohnt es sich ausführlicher anzusehen.

2.3.9 Daytrader werden

Abschließend nochmal die Voraussetzungen des Kapitels
zusammengefasst:

- Sie haben einen Computer/Tablet/Notebook
- Sie haben ein Broker-Konto eröffnet
- Sie haben die Daytrading-Software installiert
- Sie sind mit dem Internet verbunden
- Sie haben das Startkapital bestimmt und eingezahlt

2.3.10 Aufgaben

Um die Aufgaben aus den folgenden Kapiteln auszuführen
und die Erklärungen direkt in der Handelssoftware nach-
zuvollziehen, ist ein kostenloses Handelskonto notwendig
und dass Sie die Daytrading-Software installieren. Die Aufgabe ist es also, ein Handelskonto zu eröffnen und eine
Daytrading-Software zu installieren. Auf der Webseite unter http://daytradingbuch.de/daytrading-broker/ finden Sie die
notwendigen Hinweise und Links.

3 | Grundlagen der Börse

3.1 Die Börse

Als zukünftiger Daytrader lernen Sie heute Ihren neuen Arbeitsplatz kennen: die Börse.

Die Börse ist vergleichbar mit einem klassischen Wochenmarkt. Ort und Zeit sind bekannt und wer etwas kaufen will, kommt vorbei.

Die Preise stehen für alle deutlich sichtbar an der Ware. Käufer und Verkäufer müssen sich jetzt nur noch einigen und der Handel kann stattfinden.

Die Börse funktioniert da nicht anders, nur das Finanzprodukte wie Aktien gehandelt werden und heutzutage der Handel digital über das Internet erfolgt. Der wichtigste Unterschied zum Wochenmarkt ist, dass Sie sowohl Käufer als auch Verkäufer sind. Im Abschnitt über den Kurs erfahren Sie mehr über diese Mechanismen.

Der Begriff Börse leitet sich übrigens von einer belgischen Kaufmannsfamilie namens „van der Burse" ab, deren Wappen 3 Geldbeutel (lat. Bursa) zeigte und vor deren Haus sich im belgischen Brügge die Händler ab 1409 zum Feilschen trafen. Knapp 100 Jahre später wurde in Brügge erstmalig ein Haus nur für den Handel gebaut, welches auch den Namen Börse trug. 1540 folgten andere Städte wie Nürnberg und 1585 Frankfurt.

Es gibt heute nicht die eine Börse, es gibt viele von ihnen. Sie alle haben jedoch immer folgende Aufgaben:

- bestmöglicher Ausgleich von Angebot und Nachfrage

- Bereitstellung von Schnittstellen und Handelsplattformen

- Börsen sind von staatlichen Behörden (der BaFin in Deutschland) reguliert und sorgen für Transparenz im Handel

- Bereitstellung von Informationen über Preise, Waren und Umsatz

3.2 Die unterschiedlichen Arten von Börsen

Es gibt verschiedene Arten von Börsen aber die folgenden drei sind für Daytrader besonders interessant:

3.2.1 Aktienbörsen

Aktienbörsen sind wohl das, was die Meisten mit dem Begriff „die Börse" verbinden. Es gibt mindestens eine in fast jedem

Land der Erde. In Deutschland ist die größte Aktienbörse in Frankfurt. Hier werden Anteile an Firmen in Form von Aktien gehandelt.

Der klassische Parketthandel, bei dem die Händler vor Ort sind, wurde mittlerweile weitestgehend durch elektronische Handelssysteme ersetzt. In Frankfurt beispielsweise wurde der Präsenzhandel zugunsten des elektronischen Handelssystems Xetra seit 2011 komplett eingestellt. Da der Handel elektronisch abgewickelt wird, ist der Standort einer Börse für Sie nicht wichtig. Sie kaufen die Aktien stets bei Ihrem Broker.

3.2.2 Devisenbörsen / Forex-Markt

Die Devisenbörse, meist Forex-Markt genannt, ist der größte Handelsplatz der Welt. Um einen Vergleich zu haben: Der tägliche Umsatz beträgt über 5 Billionen US Dollar. Der Umsatz der Deutschen Börse betrug im ganzen Jahr 2015 1,64 Billionen Euro.

Der Forex-Markt ist ein Zusammenschluss weltweiter Bankhäuser, um unterschiedliche Währungen für den internationalen Handel zu tauschen. Der Markt, der niemals schläft und grade deshalb auf viele einen großen Reiz ausübt.

3.2.3 Terminbörsen

Termingeschäfte haben die Besonderheit, dass die Verträge in der Gegenwart geschlossen, aber erst zu einem festgelegten Termin in der Zukunft erfüllt werden. Das ist, als ob Sie Montag eine Pizza für Freitagabend bestellen und den Preis bereits Montag festlegen. Dies kann sinnvoll sein, wenn Sie von einer Preiserhöhung bis Freitag ausgehen. Bekannte Finanzprodukte dieser Kategorie sind Optionen und Futures. Sie werden beispielsweise an der deutsch-schweizerischen Terminbörse EUREX gehandelt.

3.3 Die Handelszeiten

Der Börsenexperte Kostelany sagte einst: "Spekulieren kann jeder. Es zur richtigen Zeit zu tun - das ist die Kunst".

In dem Sinne folgen die Öffnungszeiten der wichtigsten Börsenhandelsplätze als kleiner Wegweiser auf die richtige Zeit. In den später vorgestellten Strategien, gehe ich dann genauer auf den besten Zeitpunkt für einen Handel ein. Es ist wichtig, die Handelszeiten im Blick zu haben. Einerseits, damit Sie wissen, wann Sie Ihre Handelsaufträge platzieren können, und andererseits sind grade die Eröffnungs- und Schlussphasen an der Börse sehr turbulent und mit großen Kursschwankungen verbunden. Grundsätzlich gilt, dass zu Handelszeiten, an denen sich die Öffnungszeiten der großen internationalen Börsen(Deutschland, London, USA, Japan) überschneiden, deutlich mehr Volumen gehandelt wird. Nachfolgend erhalten Sie eine Übersicht über die Öffnungszeiten der wichtigsten Handelsplätze in deutscher Zeit. Diese können je nach Sommer oder Winterzeit um eine Stunde abweichen.

Handelsplatz - Handelszeiten

Xetra 09:00 - 17:30 Uhr

Frankfurt 08:00 - 20:00 Uhr

Stuttgart 08:00 - 22:00 Uhr

Hamburg 08:00 - 20:00 Uhr

Hannover 08:00 - 20:00 Uhr

Düsseldorf 08:00 - 20:00 Uhr

Berlin 08:00 - 20:00 Uhr

München 08:00 - 20:00 Uhr

London Stock Exchange 10:00 - 18:30 Uhr

New York Stock Exchange 15:30 - 22:00 Uhr

Nasdaq 15:30 - 22:00 Uhr

NYSE Euronext Paris 09:00 - 17:35 Uhr

NYSE Euronext Amsterdam 09:00 - 17:30 Uhr

NYSE Euronext Brüssel 09:00 - 17:30 Uhr

NYSE Euronext Lissabon 09:00 - 17:30 Uhr

SIX Swiss Exchange 09:00 - 17:30 Uhr

Wiener Börse 08:55 - 17:35 Uhr

Shanghai Stock Exchange 02:30 - 08:00 Uhr

Tokyo 01:00 - 8:30 Uhr

3.4 Das Konzept von Hebel und Margin

Bevor wir uns die Finanzprodukte ansehen, gibt es ein wichtiges Konzept zu verstehen. Das Konzept von Hebel und Margin.

Wenn Sie eine normale Aktie für 100 Euro kaufen, diese dann im Kurswert um 10% steigt und Sie diese wieder verkaufen, haben Sie einen Gewinn von 10% des eingesetzten Kapitals, also 10 Euro. Ihr eingesetztes Kapital betrug 100 Euro, der Gewinn 10 Euro.

Bei einem Hebelprodukt zahlen Sie nicht den vollen Kaufpreis ein, sondern nur eine Sicherheitsleistung (Margin genannt).

Ein typisches Hebelprodukt sind beispielsweise CFD (Contract for Difference). Was genau CFDs sind, wird im nächsten Abschnitt ausführlicher erklärt. Zunächst können Sie sich ein CFD wie ein Wertpapier vorstellen, welches den Kurs einer Aktie abbildet. Wenn die Aktie also 100 Euro Wert ist, können sie auch einen CFD auf diese Aktie für 100 Euro kaufen.

Wenn Sie jetzt aber statt einer Aktie einen CFD kaufen, müssen Sie nicht die vollen 100 Euro einzahlen, sondern nur die Sicherheitsleistung hinterlegen. Bei CFDs auf DAX notierte Unternehmen liegt diese in der Regel bei 5%. Sie müssten für den Kauf des CFD im Wert von 100 Euro also nur 5 Euro Margin hinterlegen. Die 100 geteilt durch 5 entsprechen einem Hebel von 20. Sie können also das zwanzigfache des eingesetzten Kapitals handeln.

Wenn Sie ein CFD auf die Aktie gekauft haben und die gleiche Aktie dann wieder um 10% steigt, haben Sie mit 5 Euro eingesetztem Kapital den gleichen Gewinn erzielt, wie wenn Sie die Aktie direkt für 100 Euro gekauft hätten. Wenn Sie also, um das Beispiel fortzusetzen, dieselben 100 Euro in 20 CFDs investiert hätten, wäre der erzielte Gewinn 200 Euro. Durch den Hebel von 20, erzielen Sie auch den 20fachen Gewinn.

Der Haken: Sollte die Aktie sich ungünstig entwickeln und an Wert verlieren, erhöht sich auch der Verlust. Aufgrund dieses erhöhten Risikos sind alle Hebelprodukte auch in die höheren Risikoklassen der Banken eingestuft. Da ein Totalverlust möglich ist. Achten Sie daher auf ein gutes Risikomanagement, wie es Ihnen im Buch vorgestellt wird.

Als Daytrader handeln Sie meist kurzfristig. Oft werden Positionen innerhalb eines Tages wieder geschlossen. Da die Schwankungen im Kurs innerhalb eines Tages normalerweise relativ klein sind, hilft der Hebel Ihnen, trotzdem hohe Gewinne zu erzielen. Sie können Hebelprodukte auch für den langfristigen Handel verwenden und beliebig lange halten. Da die Differenz aus dem realen Betrag und der Sicherheitsleistung jedoch einem Kredit entspricht, auf den Sie auch Zinsen zahlen, empfiehlt es sich den Hebel zu verkleinern, umso länger Sie die Position geöffnet haben.

Der große Vorteil von Hebelprodukten ist, dass weniger Kapital gebunden ist und Sie mehr Handelsspielraum haben. Da Sie nur 5 Euro statt der 100 Euro benötigen, können Sie für die verbleibenden 95 Euro noch weitere Aktien kaufen.

Wichtig ist ebenfalls zu wissen, dass es einen sogenannten Margin-Call gibt. Wenn Sie für den Kauf von CFDs 100 Euro Margin hinterlegt haben und durch ungünstige Kursentwicklung die Gefahr besteht, dass Ihre Verluste diese Margin übersteigen, benachrichtigt Sie der Broker, dass die Position im Falle einer weiteren negativen Kursentwicklung geschlossen wird. Diese Benachrichtigung wird Margin-Call genannt und sollten Sie nicht handeln, wird Ihre offene Position zum derzeitigen Marktwert geschlossen. So wird vermieden, dass Sie mehr Kapital verlieren, als Sie ursprünglich investiert haben.

Lesen Sie hierzu die AGB Ihres Brokers und achten Sie dabei besonders auf eine mögliche Nachschusspflicht. Mehr dazu in dem Abschnitt Overnight-Positionen.

Zusammenfassend lässt sich sagen: Sie hinterlegen auf Ihrem Handelskonto nur einen Teil des Betrages, den Sie handeln und dieser wird Margin genannt. Der Hebel ist der Quo-
tient aus dem Betrag, den Sie handeln und der hinterlegten
Margin.

Den Hebel Ihres Handelskontos können Sie bei einigen Brokern selbst einstellen. Gerade für Einsteiger kann es sinnvoll
sein, anfangs nicht mit dem maximal möglichen Hebel zu handeln. Indem Sie den Hebel freiwillig reduzieren, reduzieren
Sie auch Ihr Risiko.

3.5 Von steigenden und fallenden Kursen profitieren

Mit fast allen Hebelprodukten können Sie sowohl von stei-
genden als auch von fallenden Kursen profitieren. Im Idealfall profitieren Sie also immer. Das ist auch einer der Gründe,
warum einige der großen Finanzinvestoren noch reicher aus
einer Krise wie 2008 hervorgehen, während andere all Ihren
Besitz verloren haben.

3.5.1 Long - wenn der Kurs steigt

Wenn Sie eine Aktie in der Hoffnung kaufen, dass der Wert
steigt, nennt man das in der Daytrading Sprache "Long gehen". Sie profitieren, wenn der Kurs steigt. Wenn Sie also
100 VW-Aktien zu 100 Euro kaufen und diese steigen im
Wert auf 110 Euro, haben Sie einen Gewinn von 1000 Euro.
Long ist also die Käufer-Position und wird oft auch als Call
bezeichnet.

3.5.2 Short - wenn der Kurs fällt

"Short gehen" ist der Daytrading Begriff dafür, dass Sie profitieren, wenn der Kurs fällt. Das Gegenteil einer Long-Position also. Dies ist ein Konzept, welches grade für Börsenneulinge oft schwer zu verstehen ist.

Die Grundidee dahinter ist, dass alle hier besprochenen Finanzprodukte ohnehin nur virtuell sind. Es sind Zahlen auf einem Bankcomputer irgendwo auf der Welt. Deshalb können Sie, wenn Sie Short gehen, mit geliehenen Aktien handeln, welche Sie erst zu einem späteren Zeitpunkt kaufen.

Nehmen wir als Beispiel wieder die Aktie von VW. Diesmal verkaufen Sie eine Aktie, welche Sie jedoch nicht besitzen, sondern nur gegen Zinsen von Ihrem Broker ausleihen, mit dem Versprechen, sie ihm später zurückzugeben.

Sie verkaufen also 100 geliehene Aktien zu 100 Euro an eine dritte Person. Jetzt fällt der Aktienkurs auf 90 Euro und dann erst kaufen Sie die geliehenen Aktien und gleichen Ihre Position bei Ihrem Broker wieder aus. Dann haben Sie von der dritten Person 100 * 100 Euro, also 10.000 Euro, erhalten. Sie kaufen dann die Aktien für 100*90 Euro, also 9.000 Euro und geben diese Ihrem Broker zurück. Sie haben also durch den fallenden Aktienkurs 1.000 Euro Gewinn erzielt.

Diese Art der Geschäfte wird auch Leerverkauf genannt. Um Marktmanipulationen zu vermeiden, sind diese jedoch nur eingeschränkt bei Aktien möglich. Bei CFDs oder im Forex-Markt ist es jedoch üblich.

Short ist also die Verkäufer-Position und wird oft auch als Put bezeichnet.

3.6 Finanzprodukte

Der Begriff Finanzprodukte umfasst alles, was an den Börsen gehandelt wird. Die Wichtigsten werden nachfolgend so weit erläutert, wie es für den Handel als Daytrader notwendig ist. Für alle Produkte gilt, dass der Handel über einen Broker stattfindet, welcher unterschiedliche Gebühren für Transaktionen erhebt. Schauen Sie dafür im Gebührenverzeichnis Ihres Brokers nach. Der Schwerpunkt des Buches liegt dabei auf den ersten drei vorgestellten Produkten, da diese am weitesten verbreitet sind.

3.6.1 Aktien

Eine Aktie ist ein Wertpapier, welches Ihnen den Anteil an einem Unternehmen verbrieft. Das Unternehmen beschafft sich auf diese Weise Kapital und die Aktieninhaber profitieren vom Gewinn des Unternehmens. Aktien werden nicht nur an der Börse, sondern auch außerbörslich gehandelt. Diesen zweiten Fall werden wir jedoch im Rahmen des Buches nicht behandeln.

Das Grundkapital einer Aktienfirma kann in zwei verschiedene Arten von Aktien eingeteilt werden. Nennwertaktien, welche dem Besitzer einen festen Betrag zusichern, und Stückaktien, welche einen prozentualen Anteil zusichern. Die Aktien werden von der Firma beim Börsengang oder während einer Kapitalerhöhung an den Börsen zum Verkauf angeboten. Abhängig von den verbrieften Rechten unterscheidet man zudem zwischen Stammaktien, welche dem Inhaber alle gesetzlichen und satzungsmäßigen Aktionärsrechte verbriefen, und Vorzugsaktien, welche noch Sonderrechte enthalten können, wie etwa eine feste Dividende.

Die Dividende einer Aktie ist eine jährliche Beteiligung am Gewinn des Unternehmens, deren Höhe auf der Aktionärsversammlung beschlossen wird. Sie wird in Prozent vom Wert des Aktienkurses angegeben und betrug in den letzten Jahren bei den großen DAX-Unternehmen zwischen 1% und 5%. Damit alleine bringen Aktiendividenden eine deutlich höhere Rendite, als alle aktuellen Zinsangebote auf Festgeld, Tagesgeld oder Girokonten. Sie können also beim Besitz von Aktien auf zwei Arten profitieren, zum einen von der Dividende, die einer jährlichen Verzinsung entspricht, und zum anderen durch den Anstieg des Aktienkurses.

Um eine Aktie zu besitzen, kaufen Sie diese bei Ihrem Broker. Aktien werden heutzutage nicht mehr als reales Wertpapier ausgehändigt, sondern von Ihrem Broker in einem virtuellen Depot für Sie geführt. Die von Ihnen gehaltenen Aktien werden Portfolio genannt.

Vorteile

- Gewinnchance durch Anstieg des Aktienkurses

- geringeres Risiko, da sie kein Hebelprodukt sind und einen realen Gegenwert in Form des Unternehmens haben

- jährliche Gewinnbeteiligung am Unternehmen in Form von Dividenden

- Totalverlust unwahrscheinlich, wenn Sie sich auf Aktien von etablierten Firmen konzentrieren

- im Falle einer Bankenpleite gehört die Aktie weiter Ihnen und kann in ein anderes Depot bei einer anderen Bank übertragen werden

Nachteile

- Hohe Kapitalbindung und hoher Kapitalbedarf durch den fehlenden Hebel

Fazit

Aktien eignen sich am besten für mittel- bis langfristige Investitionen, da sie relativ sicher sind und teilweise eine jährliche Dividende ausschütten.

3.6.2 Devisen/Währungen/Forex

Forex steht für Foreign Exchange, was so viel wie Fremdwährung bedeutet. Beim Forex-Handel ist die Grundidee folgende: Sie tauschen heute Geld in einer Währung gegen eine andere, um später, wenn der Wechselkurs sich geändert hat, zurückzutauschen. Also anstatt Geld gegen Waren zu tauschen, wird beim Forex-Handel Geld gegen Geld getauscht.

Grundlage für den Austausch ist der Wechselkurs, welcher durch geldpolitische Maßnahmen und ökonomische Veränderungen Schwankungen unterliegt.

Der Wechselkurs wird immer für ein Wechselpaar angegeben, beispielsweise EUR/USD = 1,1277. Das bedeutet, für eine Einheit der Basiswährung Euro, erhalten Sie 1,1277 Einheiten der Referenzwährung US Dollar. Die Kursschwankungen werden dabei in Prozenten oder aber gebräuchlicher als Punkte angegeben, im englischen auch PIP genannt. Ein Punkt entspricht dabei der vierten Kommastelle im Währungskurs.

Majors

Die am meisten gehandelten Währungspaare werden Majors genannt und machen den Großteil des weltweiten Forex-Handels aus. Sie sollten sich auch nur auf diese konzentrieren, da bei den Übrigen, auch Minors genannt, deutlich höhere Gebühren anfallen.

- EUR/USD – Euro vs. US Dollar

- GPB/USD – Britisches Pfund vs. US Dollar

- USD/CHF – US Dollar vs. Schweizer Franken

- USD/JPY – US Dollar vs. Japanischer Yen

- USD/CAD – US Dollar vs. Kanadischer Dollar

- AUD/USD – Australischer Dollar vs. US Dollar

- NZD/USD – Neuseeländischer Dollar vs. US Dollar

Rechenbeispiel

Sie fliegen in den Urlaub in die USA. Dazu tauschen Sie am 14.07.2016 1.000 Euro gegen US-Dollar. Der Wechselkurs beträgt zu diesem Zeitpunkt 1,1277. Das heißt 1 Euro = 1,1277 Dollar und Sie erhalten 1.127,6500 Dollar für Ihre 1.000 Euro. Nehmen wir an, Sie waren in Ihrem Urlaub besonders sparsam und haben kein Geld ausgegeben. Sie kehren am 23.07.2016 zurück und tauschen Ihre 1.127,6500 Dollar gegen Euro zurück. Der Wechselkurs zu diesem Zeitpunkt beträgt 1,0975. Das bedeutet Sie erhalten 1.027,47 Euro. Sie haben in Ihrem Urlaub also 27,47 Euro verdient, weil Sie zum richtigen Zeitpunkt jeweils Geld gewechselt haben.

3.6.3 Die Idee

Ursprünglich stand hinter dem Forex-Markt die Idee, große Handelsgeschäfte gegen Währungsschwankungen abzusichern. Wenn Sie beispielsweise heute für 100 Mio. Dollar ein Schiff in einer Werft in den USA bauen lassen und die Bezahlung erst nach Fertigstellung erfolgt, können bei so großen Summen durch die auftretenden Währungsschwankungen enorme Preisunterschiede auftreten, da die Fertigstellung mehrere Jahre dauern kann. Wenn der Dollarkurs bis zur Fertigstellung gegenüber dem Euro steigt, zahlen Sie mehr für Ihr Schiff als geplant.

Um jetzt sicherzustellen, dass die 100 Mio. Dollar zu dem Zeitpunkt der Fertigstellung auch dem Wert der 100 Mio. Dollar zum Bestellzeitpunkt entsprechen, würden Sie sich am Forex-Markt absichern. Sie würden einen Handel eingehen, welcher Ihnen genau die Summe einbringt, die Sie durch einen Kursanstieg des Dollars verlieren würden. Diese Form der Absicherungsgeschäfte nennt man auch Hedgegeschäft.

Der Forex-Handel als Daytrader

Aber auch wenn Sie grade kein Schiff für 100 Mio. Euro in den USA bestellen, ist der Forex-Markt interessant. Er ist mit einem Tagesumsatz von fast 5 Billionen US Dollar der weltweit größte Finanzmarkt, um ein Vielfaches größer als die Aktienbörsen. Der Handel findet an allen Werktagen 24 Stunden statt, er beginnt 22 Uhr GMT am Sonntag in Neuseeland und endet Freitag Abend 21 Uhr GMT in New York.

Beim Forex-Handel kaufen Sie sogenannte Lot. Ein Lot entspricht 100.000 Einheiten einer Fremdwährung. Verschiedene Broker bieten speziell für Kleinanleger auch kleinere

Stückelungen von Mini- oder Mikrolots. Der Handel erfolgt dabei für Sie, ähnlich wie bei den Aktien, über Ihre normale Daytrading-Software.

Der Broker verdient dabei an jedem Handel mit, indem er für den Handel Gebühren verlangt. Die Gebühren werden im Forex-Handel als Spread bezeichnet. Ähnlich wie es beim Kauf einer Aktie einen An- und Verkaufspreis gibt, gibt es diesen auch beim Forex-Trading. Die Lücke zwischen den Preisen ist der Spread und wird meist in Pips, also Punkten des Wechselkurses, angegeben. Gerade als Daytrader, der viel handelt, ist es daher sehr wichtig, einen Broker mit möglichst niedrigem Spread zu wählen. Weitere Gebühren fallen an, wenn Sie Positionen über Nacht halten, da die gehebelte Summe einem Kredit entspricht. Diese Gebühr wird auch als Swap bezeichnet.

Das Interessante am Forex-Markt für Daytrader ist der sehr große Hebel, der zwischen 50 und 800 liegt. Wenn Sie den maximalen Hebel von 800 wählen, können Sie also mit lediglich 1.250 Euro Einsatz, 1 Mio. Einheiten einer Fremdwährung handeln. Auf das Urlaubsbeispiel übertragen, hätten Sie bei den gleichen 1.000 Euro Einsatz, in der selben Zeit, 21.976 Euro verdient.

Vorteile

- sehr großer Hebel

- rund um die Uhr handelbar

- hohe Liquidität des Marktes

- je nach Uhrzeit gibt es ruhigere und aktivere Phasen, für jeden Geschmack etwas

- größter Markt der Welt

Nachteile

- hohes Risiko

- Totalverlust möglich – beachten Sie hier das Risikomanagement

Fazit

Der Forex-Markt ist einer der beliebtesten Märkte. Große Hebel, hohe Liquidität und die ständige Verfügbarkeit ziehen viele Daytrader vom Anfänger bis zum Profi an. Forex-Handel ist für kurzfristige und mittelfristige Investitionen geeignet.

3.6.4 Contract for Difference (CFD)

CFDs sind ein sogenanntes Derivat, ein Finanzprodukt, das seinen Wert von einem Basiswert (Underlying) ableitet. Zu den Basiswerten, welche Sie mit CFDs handeln, gehören Aktien, Währungen, Rohstoffe wie Gold und Indizes, wie der DAX. Ändert sich der Basiswert, beispielsweise der Aktienkurs, ändert sich auch der Wert des CFD.

Der Unterschied zu Aktien besteht unter anderem darin, dass es sich bei CFDs wieder um ein Hebelprodukt handelt und dass Sie keine Aktionärsrechte erhalten. Für DAX-Aktien beträgt der Hebel normalerweise 20. Ebenfalls können Sie mittels CFDs auch von fallenden Kursen profitieren, indem Sie Short gehen. Die CFDs haben keine festgelegte Mindestpositionsgröße und auch keine Mindestlaufzeit. Eine CFD Position wird geschlossen, indem der Differenzwert zum Basiswert bezahlt wird. Daher auch der Name Differenzkontrakt.

Es muss hier also nicht der Basiswert als Ausgleich ange-schafft werden, was den Handel vereinfacht.

Geschichte

Der Ursprung der CFDs geht in die 1980er Jahre in London zurück. Wenn Sie damals eine Aktie gekauft oder verkauft haben, mussten Sie das mit 0.5% versteuern. Die Konstruktion der CFDs erlaubte es, lediglich die Risiken und Gewinnchancen einer Aktie zu verkaufen, ohne dass die Aktie ihren Besitzer wechselte. Dadurch wurden die Steuern vermieden. Die CFDs konnten außerdem außerbörslich (Over The Counter – OTC) gehandelt werden. Sie unterlagen also weniger staatlichen Regularien. Das ist auch bis heute so geblieben.

Rechenbeispiel

Wenn Sie 1.000 Euro investieren wollen, könnten Sie dafür beispielsweise direkt VW-Aktien kaufen. Wenn die Aktien um 10% steigen, haben Sie 1.100 Euro und bei einem eingesetzten Kapital von 1.000 Euro, erhalten Sie 100 Euro Gewinn.

Durch den Hebel von 20 könnten Sie mit den gleichen 1.000 Euro aber auch CFDs auf VW-Aktien kaufen, im Wert von 20.000 Euro. Bei derselben Kurssteigerung von 10% würde Ihr Gewinn 2.000 Euro betragen. Sie würden aber auch bereits, wenn die Aktie um 5% fällt, einen Totalverlust erleiden. Diese Gefahr bei Hebelprodukten erfordert ein gutes Risikomanagement.

Wenn Sie den Verlust des Aktienkurses von 5% erwarten, würden Sie mit Ihrer CFD Position Short gehen. Dann könnten Sie, obwohl die Aktie im Wert gesunken ist, 1.000 Euro Gewinn verbuchen.

Der Handel mit CFDs

Der Handel mit CFDs ist einfacher als der Handel mit Aktien, weil der Broker als sogenannter Marketmaker auftritt. Sie suchen nicht mehr einen Käufer oder Verkäufer für Ihre Aktien, sondern handeln direkt mit dem Broker. Er erschafft den Markt und die Nachfrage, deshalb auch Marketmaker. Dieser verdient an den Gebühren, welche Sie pro Transaktion bezahlen, und ist von daher keine Konkurrenz für Sie. Der Broker muss nur darauf achten, dass er seine geöffneten Positionen am realen Markt absichert, indem er die Basiswerte der CFDs kauft.

Sie können CFDs bequem über die Daytrading-Software handeln und zahlen pro Order eine Gebühr. Weitere Gebühren fallen an, wenn Sie Positionen über Nacht halten, da die Differenz zwischen Ihrer hinterlegten Margin und dem Wert der CFDs ein Kredit ist, auf den Sie Zinsen zahlen. Diese Gebühr wird genau wie beim Forex-Trading als Swap bezeichnet.

Da CFDs im Vergleich zu Aktien weniger reguliert sind und Sie direkt mit dem Broker handeln, ist es hier besonders wichtig, einen seriösen Anbieter zu wählen. Die unter daytradingbuch.de empfohlenen Broker bieten den Handel mit CFDs an.

Vorteile

- große Produktvielfalt, egal ob Gold, Gas, Öl, Aktien, Währungen, Kaffeebohnen etc.

- einfaches, schnelles und kostengünstiges Handeln

- weniger gebundenes Kapital durch den Hebel

- auch größere Indizes wie der DAX können mit kleinem

Einsatz bereits gehandelt werden, da Sie bei CFDs auch Teilkontrakte handeln können

- im Gegensatz zu Optionen beispielsweise greift die Einlagensicherung bei CFDs teilweise

Nachteile

- weniger reguliert durch staatliche Behörden, also unbedingt einen seriösen Anbieter wählen

- durch die Hebelwirkung ist auch ein Totalverlust möglich – beachten Sie hier das Risikomanagement

- keine Dividenden oder Aktionärsrechte

Fazit

CFDs sind eine interessante Möglichkeit, mit Hebel von Kursschwankungen am Markt zu profitieren und dies über alle Finanzprodukte und Anlageformen hinweg. Sie erfordern jedoch ein gutes Risikomanagement und einen seriösen Anbieter. CFDs sind sowohl für Einsteiger als auch für fortgeschrittene Trader geeignet.

3.6.5 Sonstige

In diesem Abschnitt des Buches werden noch einige andere Finanzprodukte vorgestellt, welche jedoch außerhalb des Rahmens dieses Buches liegen. Die gezeigten Mechanismen und Handelsprinzipien gelten jedoch weitestgehend auch für diese.

Optionen

Optionen sind ebenfalls, wie die bereits vorgestellten CFDs, ein Derivat. Das bedeutet, sie leiten ihren Wert von einem Basiswert ab. Eine Option ist ein bedingtes Termingeschäft, bei dem Sie das Recht erwerben, eine bestimmte Sache zu einem festgelegten Termin zu kaufen. Die Grundidee hinter Optionen ist, dass Sie finanzielle Planbarkeit haben. Optionen kommen beispielsweise im Rohstoffhandel zum Einsatz.

Es gibt drei verschiedene Varianten von Optionen:

- Europäische Variante: Die Option kann nur genau am festgelegten Termin wahrgenommen werden

- Amerikanische Variante: Die Option kann an jedem Tag bis zu dem Termin wahrgenommen werden

- Bermuda Variante: Es werden vorher fixe Termine definiert, an denen eine Optionsausübung möglich ist

Die Optionen und Optionsscheine werden an Terminbörsen gehandelt, wie beispielsweise der EUREX in Europa. Wenn der Termin der Option abgelaufen ist, verfällt ihr Wert automatisch. Folgendes Beispiel dazu:

Sie besitzen eine Bäckerei und benötigen für das Weihnachtsgeschäft immer eine Tonne an Weizen. Dann könnten Sie beispielsweise im November vor Beginn des Weihnachtsgeschäftes diese Tonne Weizen zum jeweiligen Marktpreis kaufen. Da vermutlich die anderen Bäckereien zu diesem Zeitpunkt ebenfalls mehr Weizen benötigen, wird der Preis jedoch ansteigen. Außerdem können Sie Ihre Finanzen nicht vorausplanen, da Sie den Preis derzeit nicht kennen.

Dieses Problem wird durch Optionen gelöst. Sie kaufen für beispielsweise 20 Euro die Option, im November des aktuellen Jahres eine Tonne Weizen für 180 Euro zu kaufen. Im November entscheiden Sie dann, ob Sie diese Option wahrnehmen wollen oder nicht. Sie sind nicht verpflichtet, die Option wahrzunehmen. Wenn der Weizenpreis also im November unter 180 Euro liegt, kaufen Sie direkt am Markt, wenn er jedoch beispielsweise bei 280 Euro liegt, nehmen Sie Ihre Option wahr und kaufen für 180 Euro pro Tonne Weizen. Sie sparen 80 Euro in diesem Fall. Im Falle, dass Sie die Option nicht wahrnehmen, verliert die Option ihren Wert. Die bereits bezahlten 20 Euro sind also eine Art finanzieller Ausgleich für den Optionsverkäufer.

Futures

Futures sind im Prinzip das Gleiche wie Optionen, nur dass der Vertrag verbindlich ist. Es wird vorher genau definiert, was, in welcher Menge, in welcher Qualität und wie verkauft wird und es wird ein genauer Termin für die Transaktion festgelegt. Beide Seiten müssen diesen verbindlichen Vertrag einhalten.

Pennystocks

Pennystocks sind ein eigener Bereich von hochspekulativen Aktien, deren Wert im Centbereich oder darunter liegt. Daher auch der Name Pennystocks. Die meisten dieser Aktien haben den Bruchteil eines Cents als Wert und steigen auch nicht wieder. Dies sind gestürzte oder winzig kleine Unternehmen, die meistens in der Insolvenz oder pleite sind. Sie werden auch an keiner regulären Börse gehandelt, sondern im sogenannten OTC Markt (Over the Counter), wie beispielsweise auf Pink Sheets.

Bei Pennystocks sind Kursschwankungen von 300-2100% innerhalb eines Tages normal. Sie bieten somit enorme Gewinnchancen, aber auch ein extrem hohes Risiko eines Totalverlustes. In der Regel ist das die Art von Aktien, die durch Spam-Mails und ähnliches beworben wird. Es gibt viele Öl und Minenfirmen, die auf dem Pennystock-Markt gehandelt werden. Wenn das Gerücht kursiert, eine dieser Firmen hätte Öl gefunden, steigt der Kurs rasant an, nur um danach wieder abzustürzen.

Pennystocks haben ein anderes Marktverhalten als normale Aktien, sie sind ausschließlich für Spekulanten geeignet, die einen Totalverlust mit einkalkulieren. Auch den meisten Analysen und Nachrichten in diesem Bereich können Sie nicht trauen, da diese nur dazu gedacht sind, den eigenen Aktienkurs in die Höhe zu treiben.

Als Einsteiger sollten Sie zunächst auf Pennystocks verzichten.

Binäre Optionen

Binäre Optionen sind eine Sonderform der bereits vorgestellten Optionsscheine. Sie sind ein Derivat und auch ein Termingeschäft. Sie stellen eine Wette auf ein Ereignis dar. Wenn dieses Ereignis eintrifft, erhält der Optionsinhaber einen vorher definierten Betrag, wenn nicht, verfällt der Wert der Option mit Totalverlust.

Als Basiswert kommt, ähnlich wie bei Optionen, ein anderes am Markt gehandeltes Produkte in Frage, beispielsweise Rohstoffe, Devisen, Aktien oder Indizes. Es gibt fünf verschiedene Formen, wie so eine Bedingung mit einer binären Form aussehen kann. Knock-In bedeutet, die Option wird dann aktiv, wenn die Bedingung erfüllt ist. Knock-Out bedeutet, wenn die Bedingung erfüllt ist, verfällt der Wert der Option. Die Bedingung legt dabei einen Grenzwert fest. Beispielsweise ist bei einer Aktie der Grenzwert ein bestimmter Aktienkurs:

Ereignis	Art	Bedingung	Erwartung
Knock-In	Call	Basiswert muss auf oder über dem Grenzwert liegen	Steigende Kurse
Knock-In	Put	Basiswert auf oder unter dem Grenzwert	Fallende Kurse
Knock-Out	Call	Basiswert darf Grenzwert nicht berühen oder unterschreiten	Steigende oder seitwärts tendierende Kurse
Knock-Out	Put	Basiswert darf Grenzwert nicht berühren oder überschreiten	Fallende oder seitwärts Kurse
Range		Basiswert muss innerhalb zweier Grenzen liegen	Seitwärts Kurse

Hier gibt es wieder den Unterschied zwischen amerikanischen Optionen, bei denen das Ereignis während der Laufzeit eintreten muss und der europäischen Variante, bei denen es am Ende der Laufzeit eintreten muss.

In den aktuellen Handelsplattformen für binäre Optionen, die auch in letzter Zeit sehr stark beworben werden, ist das Handeln sehr einfach umzusetzen. Sie klicken nur auf Call/Put bzw. Long/Short und das System setzt automatisch Grenzwerte über und unter dem aktuellen Kurswert. Diese Handelsform soll es noch einfacher machen, an der Börse aktiv zu werden. Gewinn, möglicher Verlust und Laufzeit sind bereits vorgegeben. Sie müssen nur noch auf Kaufen klicken. Die Gebühren sind jedoch meist höher als vergleichbare Alternativen. Sie können die gezeigten Strategien nur sehr eingeschränkt umsetzen und der gravierendste Nachteil ist, dass die Gewinne ebenfalls begrenzt sind. Während sie mit einem CFD beispielsweise von einem Aufwärtstrend solange profitieren, wie die Aktie steigt, wird die binäre Option automatisch geschlossen.

Fonds

Bei einem Fond sammelt eine Fondsgesellschaft Geld von den Anlegern ein und investiert dieses in bestimmte Märkte wie Immobilien, Aktien oder Rohstoffe. Diese Fonds werden von einem Fondsmanager verwaltet und werden deshalb auch aktiv gemanagte Fonds genannt. Der Fondsmanager entscheidet, welche Aktien oder Werte gekauft werden. Fonds werden häufig für langfristige Investments empfohlen, aber sie haben erhebliche Nachteile. Zum einen zahlen Sie verschiedene Gebühren wie den Ausgabeaufschlag oder eine jährliche Management-Gebühr, welche prozentual von Ihrem Kapital berechnet wird, und zum anderen schneiden die meisten Fonds schlechter als der Gesamtmarkt ab. Langfristig betrachtet hat die Entwicklung des DAX beispielsweise eine höhere Rendite gebracht und hätte Ihnen die hohen Gebühren erspart.

Exchange Traded Fonds (ETF)

Exchange Traded Fonds, kurz ETF, werden auch passive Fonds genannt, weil sie nicht durch einen Manager verwaltet werden, sondern einen Index wie den DAX abbilden. Auch ETF finden Sie häufig als Empfehlung für langfristige Investmentstrategien.

Grundsätzlich sind ETF eine gute Sache, aber in Krisenzeiten gibt es einige Probleme, welche sie als langfristige Anlage nicht krisensicher machen. Zum einen kaufen viele ETF-Anbieter die Aktien aus dem Index nicht, sondern führen sogenannte SWAP-Geschäfte mit anderen Anbietern durch. Wenn diese anderen Anbieter pleite gehen, ist Ihr Geld nicht mehr sicher. Selbst wenn der Anbieter die Aktien kauft, werden diese oft an andere Banken oder Fonds verliehen, um den Ertrag zu steigern. Im Vergleich zu normalen Fonds sind ETF jedoch die bessere Wahl. Die Verwaltungsgebühren sind geringer und der Handel ist wesentlich einfacher. Wenn Sie mit geringem Risiko investieren möchten, sind ETF neben dem im weiteren Verlauf gezeigten Social-Trading eine gute Wahl.

3.7 Die verschiedenen Orderarten

Nachdem Sie jetzt wissen, wo Sie handeln, und einen Überblick haben, was Sie alles handeln können, komme ich jetzt dazu, wie ein Kauf erfolgt. Ein Kauf- bzw. Verkaufsauftrag wird an der Börse eine Order genannt. Es gibt hier verschiedene Arten, wie Sie eine Order platzieren. Nachfolgend stelle ich die wichtigsten davon vor. Für die Orderarten sind die englischen Bezeichnungen gebräuchlich, von daher verwende ich diese hier ebenfalls.

3.7.1 Die Orderarten

Einige Broker bieten auch noch andere Orderarten oder benennen diese anders. Die ersten drei der genannten Orderarten sind die gebräuchlichsten und sollten von jedem Broker und jeder Handelssoftware unterstützt werden.

Market Order

Eine Market Order ist ein Auftrag, der sofort zum besten aktuellen Marktpreis ausgeführt wird. Wenn Sie also 100 Aktien kaufen möchten und eine Market Order platzieren, wird nach einem oder mehreren Verkäufern gesucht, um Ihre Order sofort zu erfüllen. Hierbei kann es vorkommen, dass Sie 50 Aktien von einem Verkäufer und die anderen 50 von einem anderen zu unterschiedlichen Preisen kaufen. Der Preis von Market Ordern kann daher schwanken, gerade in sehr liquiden Märkten, die großen Schwankungen unterliegen. Das gleiche gilt beim Verkauf. Hier wird zu einem höchst möglichen Preis verkauft.

Eine Market Order verwenden Sie, um schnell auf ein aktuelles Ereignis, beispielsweise eine Nachricht, zu reagieren.

Limit Order

Bei einer Limit Order legen Sie im Vorfeld den maximalen Kaufpreis bzw. den minimalen Verkaufspreis fest. Die Order wird verwendet, wenn Sie die Aktie sofort kaufen wollen, aber nur bereit sind, einen gewissen Preis dafür auszugeben. Wenn zu diesem Preis kein Handel zu Stande kommt, verfällt die Order.

Eine Limit Order eignet sich in Märkten, die großen Schwankungen unterliegen und wenn eine sofortige Ausführung nicht wichtig ist.

Stop Order

Die Stop Order schließt automatisch eine offene Position, wenn ein vorher festgelegter Marktpreis erreicht wurde. Das Schließen einer Position wird auch glatt stellen genannt und erfolgt durch eine Market Order zum jeweiligen Marktpreis. Es gibt drei Gründe, die Position durch eine Stop Order schließen zu lassen:

Sie können zum einen Ihre Verluste begrenzen (Stop Loss Order). Es gibt hier die alte Börsenweisheit: "An der Börse ist alles möglich. Auch das Gegenteil.". Deshalb ist die Stop Setzung so enorm wichtig. Dazu legen Sie im Vorfeld einen Kurs fest, zu dem wieder verkauft wird, beispielsweise der automatische Verkauf, wenn die Aktie um 10% im Wert gefallen ist.

Zweitens Sie können Ihre Gewinne sichern (Take Profit Order), indem Sie im Vorfeld festlegen, dass eine Aktie automatisch wieder verkauft wird, nachdem sie um 20% gestiegen ist.

Die dritte Möglichkeit ist die Mitnahme von Gewinnen, in diesem Fall verkaufen Sie nach einem Anstieg einen Teil Ihrer Position. Dies ist besonders sinnvoll, wenn es zu kurzen Ausschlägen im Kurs kommt.

Diese drei Stopps sind ein wichtiges Mittel, um Handelsstrategien umzusetzen und Ihr Risikomanagement einzuhalten. Sie müssen dadurch auch den Markt nicht permanent beobachten, nachdem Sie die Ordern einmal entsprechend eingerichtet haben. Die Stop Order hat eine gerade von Anfängern oft unterschätzte Bedeutung. Egal, wie gut Ihre Einstiege sind, ohne den richtigen Verkaufszeitpunkt, können Sie langfristig nicht gewinnen. Die Stop Order stellt praktisch das Ziel Ihres Handels dar, welches es zu erreichen gilt. Wenn Sie Aktienempfehlungen aus Nachrichten folgen, achten Sie unbedingt darauf, ob ein Stop Kurs angegeben ist, ansonsten sind sie wertlos.

Trailing Stop Order

Eine Trailing Stop Order ist eine Stop Order, welche den Kurs, zu dem die Position geschlossen wird, automatisch der aktuellen Kursentwicklung nachzieht. Aus diesem Nachziehen leitet sich auch der Name Trailing Stop ab (to trail something: etwas hinter sich herziehen).

Bei einer Trailing Stop Order definieren Sie im Vorfeld einen Abstand in Punkten, Prozenten oder Euros. Sie kaufen also beispielsweise eine Aktie für 100 Euro und definieren den Trailing Stop mit einem Abstand von 20 Euro. Wenn die Aktie dann auf 121 Euro steigt, wird der Trailing Stop aktiv und setzt eine Stop Order auf 101 Euro. Wenn die Aktie dann weiter auf 150 Euro steigt, wird die Stop Order automatisch auf 130 Euro nachgezogen. Wenn die Aktie dann wieder auf 140 Euro fällt, bleibt die Stop Order bei 130. Wenn die Aktie den Kurs von 130 Euro unterschreitet, wird die Position zum Marktpreis geschlossen.

Eine Trailing Stop Order eignet sich bei einem kurzzeitigen Ausbruch eines Aktienkurses, um mit begrenztem Risiko maximal zu profitieren. Ich empfehle Ihnen aber, nicht mit den automatischen Trailing Stops zu arbeiten, die in vielen Handelsprogrammen vorhanden sind. Diese orientieren sich nicht am Marktgeschehen wie dem Trendaufbau oder der Volatilität (Diese wird später noch genauer erläutert). Ziehen Sie Ihre Stops daher besser manuell nach. Sie erfahren mehr darüber in den entsprechenden Kapiteln.

Stop Buy Order

Die Stop Buy Order hat einen ungünstig gewählten Namen. Genaugenommen wäre Buy Start Order wohl passender. Sie wird verwendet, um im Vorfeld Einstiegskurse zu definieren, die sowohl über als auch unter dem aktuellen Kurs liegen können. Wenn dieser Einstiegskurs erreicht wird, wird eine Market Order platziert. Dies ist gut geeignet, wenn Sie beispielsweise beim Erreichen eines Preises automatisch handeln wollen, aber den Markt nicht permanent beobachten können.

3.7.2 Die Gültigkeit einer Order

Eine am Markt platzierte Order hat eine der folgenden Gültigkeiten. Mit Gültigkeit ist der Zeitraum gemeint, in dem die Order aktiv ist und bei Eintreten der Bedingung ausgeführt wird. Anschließend wird die Order automatisch gelöscht.

Gültig bis auf Widerruf (GTC)

Gültig bis auf Widerruf, auch Good Till Cancelled (GTC) genannt, entspricht einer Order, die solange gültig ist, bis Sie sie manuell wieder entfernen. Dies umfasst mehrere Handelstage oder Jahre. Einige Broker haben hier eine maximale Dauer festgelegt, um ihre Orderbücher nicht zu überfüllen. Prüfen Sie dazu die allgemeinen Geschäftsbedingungen Ihres Brokers.

Gültig für den aktuellen Handelstag (GFT)

Diese Order (Good for today) bleibt bestehen, bis der aktuelle Handelstag beendet ist, also durch Börsenschluss beispielsweise. Prüfen Sie hier vorher bei Ihrem Broker, wann der gewählte Markt schließt.

Gültig bis Datum (GTD)

Diese Order (Good Till Date) bleibt solange bestehen, bis das angegebene Datum erreicht ist. Wenn sie bis dahin nicht gefüllt werden konnte, wird sie gelöscht.

3.8 Die Beziehungen der Märkte untereinander

Unabhängig davon, welches Finanzprodukt Sie handeln, besteht zwischen allen von ihnen eine Verbindung. Wir leben in einer globalen vernetzten Wirtschaft. Deshalb beeinflusst der sprichwörtliche Sack Reis, der in China umfällt, vielleicht den Reis-Preis. Dieser steigt plötzlich an. Der teurere Reis lässt die Nachfrage ausweichen, auf Weizen oder Sojabohnen vielleicht, deren Preise ebenfalls steigen. Die Leute geben plötzlich mehr Geld für Nahrung aus, also haben sie weniger Geld für neue Autos oder Benzin und plötzlich sinken die Preise für Stahl und Öl, da die Nachfrage sinkt. Die russische Wirtschaft, die stark vom Export von Rohstoffen abhängt, beginnt zu schrumpfen, also fällt der Kurs der russischen Währung gegenüber dem Euro. Jetzt können russische Firmen bessere Preise beim Export ihrer Waren in andere Länder anbieten. Deutschland wiederum bekommt Probleme, wenn der Euro zu stark ist, da es wirtschaftlich ein Export-Land ist. Deutsche Wirtschaftsgüter werden also im Ausland teurer. Der

DAX fällt vielleicht zusammen mit dem Sack Reis aus China zu Boden. Und so beeinflusst ein Ereignis das Nächste.

Sicher, der Sack Reis als Auslöser mag übertrieben sein, aber alle großen Märkte und Marktteilnehmer stehen in einer Beziehung zueinander. Um all diese Zusammenhänge zu verstehen, bedarf es eines umfangreichen Fachwissens und Verständnisses für die komplexen wirtschaftlichen Interessen unterschiedlicher Marktteilnehmer.

Einsteigern empfehle ich, sich zunächst nur auf ein bis drei Märkte zu konzentrieren, den DAX, den EUR/USD Wechselkurs und vielleicht noch Gold oder Öl als Rohstoff für den Anfang. Später können Sie, je nach persönlichen Zielen und Handelszeiten, weitere Märkte ergänzen. Selbst wenn Sie nur diese drei Märkte aktiv handeln, sollten Sie jedoch hin und wieder auch einen Blick nach Übersee werfen. Der Dax folgt oft den großen amerikanischen Indizes wie dem DOW Jones, dem S&P 500 oder dem NASDAQ 100. Dasselbe gilt für andere große Aktien Indizes. Fällt einer, fallen die anderen meist auch. Ein weiterer Zusammenhang ist Gold: Wenn es der Wirtschaft schlechter geht und die Indizes fallen oder es zu Krisen kommt, steigt der Goldpreis. Eine letzte wichtige Beziehung ist die zwischen dem Euro und dem DAX. Deutschland ist, wie im Beispiel erwähnt, ein Land, das sehr viel exportiert. Wenn also der Europreis steigt, werden die deutschen Güter im nicht europäischen Ausland teurer und die Exporte gehen zurück. Dies ist die Ursache für die Geldpolitik der EZB in den Jahren 2015/2016. Der Euro wird künstlich niedrig gehalten, indem massiv viel Geld auf den Markt geschwemmt wird, um die Exportwirtschaft anzukurbeln. Dies ist natürlich nur eine stark vereinfachte Sicht. Wichtig ist, das Sie beim Daytrading auch die anderen Märkte im Auge behalten und sich ein grobes Verständnis für die Zusammenhänge einzelner Wirtschaften und Märkte aneignen.

4 | Der Kurs

Nachdem die Grundlagen der Börse geklärt sind, komme ich jetzt zum Kurs. Der Kurs ist der Wert einer Aktie oder eines Finanzproduktes zu einem bestimmten Zeitpunkt. Das folgende Kapitel redet der Einfachheit halber meist von einem Aktienkurs, aber die Mechanismen gelten auch für Devisen, Rohstoffe, CFDs und andere Finanzprodukte. Die alles entscheidende Frage, die ich in diesem Kapitel klären möchte, ist: Wann sollten Sie eine Aktie kaufen? Dazu werden wir betrachten, wie ein Kurs entsteht, was einen Kurs verändert, wie ein Kurs sich verhält und wie Sie einen Kurs analysieren.

4.1 Die Entstehung eines Kurses

Nachdem Sie in den vorangegangenen Kapiteln das Wo, Was und Wie des Handelns erfahren haben, kommen wir jetzt zur Frage Wann. Wann ist der richtige Zeitpunkt, um eine Order zu platzieren? Die Antwort ist: Immer, wenn Bewegung im Markt ist und der Kurs Schwankungen unterliegt.

Wenn ein Kurs großen Schwankungen unterliegt, spricht man auch von einem volatilen Markt. Um zu verstehen, warum ein

Kurs Schwankungen unterliegt, sehen wir uns am Beispiel einer Aktie an, wie ein Kurs entsteht. Der Handel an der Börse erfolgt über einen Broker. Die Rolle des Brokers ist zunächst nur die Auftragsübermittlung an die jeweilige Börse. Die Rolle der Börse ist hier das Spannende. In dem Abschnitt zur Börse steht als erste Aufgabe der Börse: Bestmöglicher Ausgleich von Angebot und Nachfrage. Bestmöglich bedeutet hier, dass eine möglichst große Anzahl an Aktien den Besitzer wechselt, also ein möglichst hoher Umsatz erfolgt.

Die Börsen führen dazu ein Orderbuch, hier werden alle Angebote (Verkaufsorder) und Nachfragen (Kaufordern) eingetragen. Wenn für eine Aktie viele Kauf- und Verkaufsorder eingehen, spricht man von einer liquiden Aktie. Die folgende Tabelle zeigt ein mögliches Orderbuch einer Aktie. In der linken Spalte sehen Sie die möglichen Eröffnungskurse, die sich aus den eingegangen Aufträgen ergeben. Außerdem sehen Sie die Anzahl der Aktien und die Art der Order. In der zweiten Zeile sehen Sie Auftrag 1, 100 Aktien werden zu einem Preis von mindestens 90 Euro angeboten. Daraus ergibt sich der mögliche Kurs von 90 Euro, für den die Börse den Umsatz berechnen muss.

Im Beispiel wurde die Aktie am Vortag für 100 Euro gehandelt. Wir betrachten das Szenario der Marktöffnung und wollen den neuen Eröffnungskurs für die Aktie berechnen.

Kurs	Angebot	Nachfrage
80		
90	1: 100 Stück, Limit	2: 10 Stück, Limit
95		3: 200 Stück, Limit
100	4: 90 Stück, Market	5: 150 Stück, Market
100	6: 500 Stück, Market	7: 250 Stück Market
105	8: 100 Stück, Limit	9: 70 Stück, Limit
120	10: 400 Stück, Limit	

Der Markt öffnet um 9 Uhr und die in der Tabelle enthaltenen zehn Aufträge wurden platziert. Dann ist die Aufgabe der Börse jetzt einen Kurs zu finden, zu dem die meisten Aktien den Besitzer wechseln. Das heißt, für jeden möglichen Kurs müssen wir den Umsatz berechnen.

Beginnen wir mit dem Kurs von 80 Euro. Hier liegen keine Aufträge vor, trotzdem würden die Market Ordern auch zu diesem Preis erfüllt werden. Market Order bedeutet ja, dass die Order sofort und zu jedem Preis ausgeführt wird. Auf Angebotsseite hätten wir dann also 590 Aktien, die Summe aus den Market Ordern 4 und 6. Auf Nachfrageseite wären es 680.

Betrachten wir den Kurs von 90 Euro. 690 Aktien wären zu einem Preis von 90 Euro verfügbar. Dieser Wert ergibt sich aus der Summe der Aufträge 1, 4 und 6. Auf der Nachfrageseite haben wir bei einem Kurs von 90 Euro die Aufträge 2, 3, 5, 7 und 9. Dies liegt daran, dass Auftrag 9 beispielsweise zwar ein Limit-Auftrag für 105 Euro ist, aber natürlich wäre der Käufer auch mit einem Preis von 90 Euro zufrieden. Limit bedeutet ja, das er maximal 105 Euro für die Aktie ausgeben möchte. Auf der Nachfrageseite haben wir also 680 Aktien.

Betrachten wir jetzt den Kurs von 95 Euro. Auf der Angebotsseite hätten wir immer noch 690 Aktien. Der Auftrag 1 hat angegeben, dass er für minimal 90 Euro verkaufen möchte, aber würde natürlich auch 95 Euro akzeptieren. Auch auf der Nachfrageseite sind es jetzt nur noch 670 Aktien, da die Limit-Order 2 wegfällt.

Weiter geht es mit dem Kurs von 100 Euro. Aufträge 1, 4 und 6 wären bereit, für 100 Euro zu verkaufen, das ergibt 690 Aktien auf der Angebotsseite. Die Nachfrageseite reduziert sich jedoch um den Auftrag 3. Dieser war bereit, maximal 95 Euro für die Aktie auszugeben. Es bleiben also 470 Aktien, die für einen Kurs von 100 Euro nachgefragt werden.

Zu einem Kurs von 105 Euro würden jetzt 790 Aktien auf der Angebotsseite stehen, da die Aktien von Order 8, die mindestens 105 Euro haben möchte, hinzukommen. Die Nachfrageseite bleibt weiterhin bei 470.

Analysieren wir nun noch den letzten Kurs von 120 Euro. Auf der Angebotsseite kommen die 400 Aktien aus dem Auftrag 10 dazu. Hier hat vielleicht jemand vor dem Urlaub schnell noch darauf spekuliert, dass die Aktien während seiner Abwesenheit steigen und deshalb die Verkaufsorder etwas höher platziert. Insgesamt wären dann 1.190 Aktien verfügbar. Auf der Nachfrageseite hätten wir die Aufträge 5 und 7, zusammen also 400 Aktien. Sie sehen hier schon das Risiko von Market Ordern, diese werden zum aktuellen Marktpreis ausgeführt, egal wie hoch dieser ist.

Kurs	Angebot	Nachfrage	Umsatz
80	590	680	590
90	690	680	680
95	690	670	670
100	690	470	470
105	790	470	470
120	1190	400	400

In der zweiten Tabelle sehen Sie die Umsätze zu den jeweiligen Kursen ergänzt. In der Angebotsspalte sehen Sie die Summe aller zu diesem Kurs verfügbarer Aktien und in der Nachfragespalte die Summe aller zu diesem Kurs nachgefragten Aktien.

Die Aufgabe der Börse war der bestmögliche Ausgleich von Angebot und Nachfrage, also suchen wir jetzt die Zeile mit dem höchsten Umsatz und können so den Eröffnungskurs bestimmen. Der Eröffnungskurs liegt also bei 90 Euro, da 680 Aktien den Besitzer wechseln. Der Kurs am Vortrag betrug 100 Euro und fällt zur Eröffnung um 10 Euro. Die entsprechenden Aufträge werden ausgeglichen und dann wird ein neuer Kurs berechnet.

Die kleinste Zeiteinheit an der Börse ist ein sogenannter Tick. Je nach Handelsprogramm können Sie sich die Orderbücher und Tickcharts anzeigen lassen. Der Tickchart zeigt die Kursstellungen der Börse. Innerhalb eines Ticks erfolgt der oben gezeigte Prozess zur Berechnung des Kurses. Dann kommen die neuen Aufträge herein und mit dem nächsten Tick wird wieder ein neuer Kurs berechnet und so weiter. Das Ganze erfolgt dabei im Millisekundentakt, abhängig davon, wie liquide der Markt ist. Wenn es sich um eine sehr wenig nachgefragte Aktie handelt, können auch den ganzen Tag über keine neuen Angebote im Orderbuch ankommen. Der Kurs der Aktie würde dementsprechend still stehen. Gerade bei wenig nachgefragten Aktien ist also die Gefahr hoch, dass es durch eine ungünstig platzierte Market Order zu erheblichen Preisschwankungen kommt.

4.2 Die Ursache von Kursänderungen

Warum bietet jemand 10 Euro mehr für eine Aktie und warum will ein anderer verkaufen? Warum ändert sich der Kurs überhaupt? Die einfache Antwort hier lautet: Kauf- und Verkaufsaufträge führen zu Kursänderungen. Die andere Antwort ist: Wir wissen es nicht und werden es auch nie erfahren.

Der dänische Philosoph Søren Aabye Kierkegaard sagte einmal: „Man kann das Leben nur rückwärts verstehen, aber leben muss man es vorwärts." Dieses rückwärts verstehen ist an der Börse aber oftmals ein Problem, eine Illusion, der wir erliegen. Wenn ein Aktienkurs abgestürzt ist, ist es hinterher leicht, ein passendes Ereignis als Auslöser zu finden. Nur vorwärts klappt das leider viel zu selten. Fakt ist, die Beweggründe der einzelnen Käufer und Verkäufer kennen wir nicht und werden diese auch nicht herausfinden.

Der eine mag wegen Insiderinformationen verkaufen, der andere hat einen Artikel in der Zeitung gelesen und kauft deshalb. Einer hat die Zeitung nicht gelesen und verkauft oder wurde ausgestoppt, nachdem er bereits Gewinne mitgenommen hat. Vielleicht handelt Ihr Gegenüber auf einer ganz anderen Zeiteinheit und ist eher an langfristigen Gewinnen interessiert, während Sie die Tagesschwankung sehen. Ein großer Hedgefont will sein Portfolio diversifizieren und kauft tausende Aktien, auf einmal steigt der Kurs ganz ohne Nachricht.

All das passiert, all das beeinflusst den Kursverlauf, aber all das wird uns immer ein Rätsel bleiben. Konzentrieren wir uns also auf die wirklich wichtige Frage: Wohin geht der Kurs als nächstes und wann tut er das?

4.3 Der Verlauf eines Kurses

Ein Kurs kann in drei Richtungen verlaufen: Er steigt, er fällt oder er bewegt sich seitwärts. Die Richtung eines Kurses wird Trend genannt. Also gibt es einen Aufwärtstrend, einen Abwärtstrend und einen Seitwärtstrend.

4.3.1 Der Aufwärtstrend

Die Abb. 1 zeigt den Verlauf des Euro/Dollar Kurses vom 21. - 23. Juni 2016. Zur Verdeutlichung sind die wichtigsten Punkte mit Zahlen markiert. Es gibt verschiedene Definitionen von einem Aufwärtstrend. Für uns gilt folgende Definition:

Ein Aufwärtstrend besteht aus lokalen Minima und Maxima, welche abwechselnd auftreten können, aber das vorhergehende Minimum muss jeweils höher als das nachfolgende sein und analog dazu muss das nachfolgende Maximum das vorhergehende übersteigen.

Ein Minimum bzw. Maximum ist ein Begriff aus der Mathematik. Damit sind Extremwerte gemeint, also Werte, die einen Tiefpunkt oder einen Hochpunkt auf dem Chart darstellen. Es gibt lokale und globale Minima/Maxima. Hier beziehe ich mich auf die lokalen Varianten. Jede der Zahlen entspricht einem lokalen Minimum oder Maximum. Die geraden Zahlen sind die Minima und die ungeraden Zahlen sind die Maxima. Wie Sie sehen, ist der Kurswert zu den Zeitpunkten 1,3,5,7,9 und 11 jeweils höher als der vorhergehende. Das gleiche gilt für die Minima, mit der Ausnahme von Punkt 8. Aber während eines Trends ist es völlig normal, dass der Kurs kurzfristig nach unten oder oben abweicht. Dies ist also ein gutes Beispiel für einen Aufwärtstrend, da der Kurs steigt.

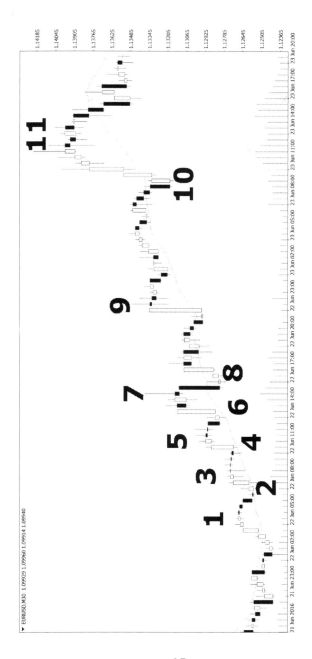

EURUSD,M30 1.09929 1.09960 1.09914 1.09940

1.14185
1.14045
1.13905
1.13765
1.13625
1.13485
1.13345
1.13205
1.13065
1.12925
1.12785
1.12645
1.12505
1.12365

21 Jun 2016 · 21 Jun 23:00 · 22 Jun 02:00 · 22 Jun 05:00 · 22 Jun 08:00 · 22 Jun 11:00 · 22 Jun 14:00 · 22 Jun 17:00 · 22 Jun 20:00 · 22 Jun 23:00 · 23 Jun 02:00 · 23 Jun 05:00 · 23 Jun 08:00 · 23 Jun 11:00 · 23 Jun 14:00 · 23 Jun 17:00 · 23 Jun 20:00

Abbildung 1: Der Aufwärtstrend - EURUSD M30

65

4.3.2 Der Abwärtstrend

In Abbildung 2 sehen Sie einen Abwärtstrend im Verlauf des
EUR/USD Kurses. Über einen Zeitraum von drei Wochen ist
der Kurs immer weiter gefallen.

Wie Sie sehen, geht es nicht gerade auf- oder abwärts, sondern immer im Zick-Zack. Die Ursache dafür erfahren Sie im
nächsten Abschnitt. Es ist wichtig zu erkennen, dass es sich
um einen Abwärtstrend handelt.

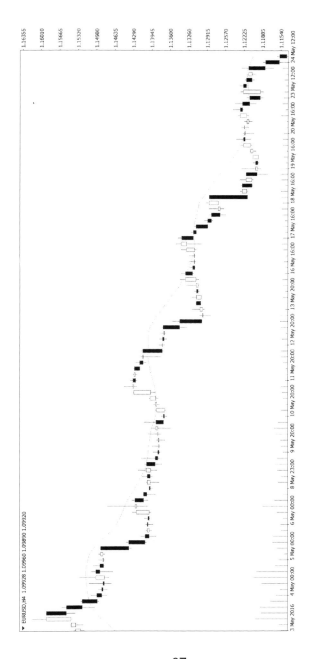

Abbildung 2: Abwärtstrend des EUR/USD im Mai 2016

4.3.3 Der Seitwärtstrend

In Abb. 3 sehen Sie einen Seitwärtstrend zwischen 17 und 21 Uhr. Dieser ist manchmal nur sehr schwer erkennbar, aber es ist wichtig, ihn näher zu untersuchen, da es in Seitwärtstrends häufig zu Fehlsignalen kommt. Aufgrund dieser Fehlsignale sollten Einsteiger auch den Handel in Seitwärtstrends vermeiden. Häufige Richtungswechsel ohne eine echte Richtung sind nur sehr schwer profitabel zu handeln. Konzentrieren Sie sich also besser auf die anderen beiden Trends. Seitwärtstrends finden Sie häufig vor großen Ereignissen, während alle auf die Nachricht warten, oder aber zur Mittagspause.

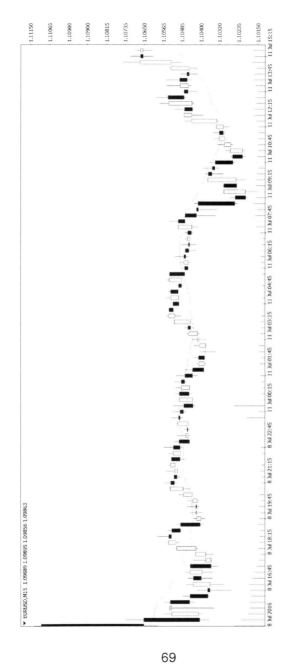

Abbildung 3: Seitwärtstrend nach einem Kurssturz der am Ende nach oben durchbrochen wird

69

4.3.4   Die Entwicklung eines Trends

Abbildung 4: Trendverlauf, Bewegung und Korrektur wechseln sich ab

Wie Ihnen sicher aufgefallen ist, steigt der Kurs nicht linear nach oben bzw. unten. Es entsteht immer dieses typische Treppenmuster, was gerade bei Tradinganfängern für so viel Verzweiflung sorgt. Ein Kursanstieg wird ja erst im Chart sichtbar, nachdem die eigentliche Bewegung in Trendrichtung bereits vollzogen wurde. Die meisten Anfänger steigen dann ein und gehen davon aus, dass es weiter steigen müsse.

Zu diesem Zeitpunkt haben aber alle, die die Aktie vorher kauften, bereits Gewinne erzielt. Einige von ihnen könnten diese jetzt also trotz des Anstieges verkaufen, um ihre Gewinne zu realisieren. Das heißt, der Markt fällt zunächst wieder. Hier entsteht dann das typische Gefühl, der Markt macht immer genau das Gegenteil von dem, was man selbst erwartet. Diese Gegenbewegung zum eigentlichen Trend nennt man auch Korrektur. Häufig wird in Börsennachrichten erwähnt, dass die lang erwartete Korrektur endlich eingetroffen ist.

In Abb. 4 zum Trendverlauf sehen Sie die durchgezogenen Linien. Es sind die Bewegungen im Aufwärtstrend. Die gestrichelten Linien stellen die Korrektur da. Trends verlaufen niemals linear, sondern werden von Korrekturen unterbrochen. Bevor Sie einen Handel eingehen, prüfen Sie immer zuerst, ob der Kurs gerade eine Bewegung durchführt (in Richtung des Trends) oder aber, ob er sich in der Korrekturphase befindet. Solange aber das aktuelle lokale Minima höher ist als das vorherige und die Maxima ebenfalls ansteigen, ist der Trend weiter intakt.

Andernfalls, wenn in einem Aufwärtstrend beispielsweise das lokale Hoch tiefer liegt als das vorhergehende, spricht man von einem Trendbruch oder aber auch von einer Kurswende.

4.4 Wann entsteht die größte Bewegung im Markt?

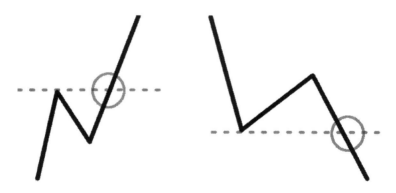

Abbildung 5: Der Trendbestätigungspunkt

Betrachten Sie zur Beantwortung der Frage die Abbildung

5. Interessant an der Abbildung sind die mit einem Kreis markierten Punkte. Zu diesem Zeitpunkt wird der vorherige lokale Hoch- bzw. Tiefpunkt über- bzw. unterschritten. Der Trend wird wird dadurch bestätigt und es entsteht ein neues lokales Hoch bzw. Tief. Dieser Punkt wird deshalb auch Trendbestätigungspunkt genannt.

Wenn wir den Aufwärtstrend links in der Abbildung 5 genauer betrachten, gibt es an diesem Punkt für alle am Markt aktiven Trader genau drei mögliche Positionierungen: Sie sind entweder Long, Short oder Flat. Flat bedeutet, sie sind derzeit nicht im Markt investiert und warten auf ein mögliches Einstiegssignal.

An diesem markierten Punkt wird der Aufwärtstrend bestätigt und wir versetzen uns jetzt in die mögliche Lage der Trader.

Alle, die bereits Long positioniert sind, werden vermutlich ihre Position offen halten. Der Trend wurde bestätigt und der Kurs verläuft in ihre Richtung.

Die Short-Positionen sehen ebenfalls, dass der Aufwärtstrend bestätigt wird, da der Kurs das vorherige Hoch überschreitet. Es gibt also für alle Short-positionierten Händler einen guten Grund, ihre offene Position zu schließen. Wenn eine Short-Position geschlossen wird, kaufen sie gleichzeitig den Basiswert der Aktie. Es entstehen zusätzliche Kaufordern. Durch diese erhöhte Nachfrage ist die Wahrscheinlichkeit eines Anstieges nochmals größer.

Als Letztes betrachten wir die Trader, die bisher noch keine offene Position haben. Diese sehen an dieser Stelle die Bestätigung des Aufwärtstrends und ein gutes Einstiegssignal. Sie würden also ebenfalls eine Long-Position eröffnen und die Aktie kaufen. Also ist an diesem markierten Punkt

mit einer größeren Bewegung zu rechnen, da alle drei möglichen Positionierungen am Markt ein Interesse am Kauf haben. Das gleiche Prinzip gilt natürlich auch umgekehrt in Abwärtstrends.

Zusammenfassend lässt sich also sagen, dass Sie vor Positionseröffnung immer die möglichen Positionierungen der anderen Trader am Markt bedenken. So können Sie bestimmen,
wo voraussichtlich eine größere Kursbewegung zu erwarten
ist.

4.5 Aufgaben

4.5.1 Aufgabe Kursberechnung

Berechnen Sie für fiktive Orderbücher den Eröffnungskurs.
Beispiele mit Lösung finden Sie auf der Webseite zum Buch
unter http://daytradingbuch.de.

4.5.2 Aufgabe Trenderkennung

Öffnen Sie Ihr Handelsprogramm. Wenn Sie noch kein Konto bei einem Broker eröffnet haben, können Sie das jetzt
unter http://daytradingbuch.de/daytrading-broker nachholen.
Für welchen Sie sich entscheiden, ist zunächst egal. Wichtig
ist, dass Sie die Möglichkeit haben, aktuelle Charts zu sehen.

Gehen Sie jetzt auf die Kursverläufe von unterschiedlichen
Finanzprodukten wie dem DAX oder dem Gold-Kurs. Sie kön-
nen auch beliebige Aktien auswählen. Betrachten Sie den
Kursverlauf und entscheiden Sie, ob ein Abwärts-, Seitwärts-
oder ein Aufwärtstrend vorliegt. Finden Sie dazu die lokalen
Minima und Maxima und zeichnen Sie diese ein. Machen

Sie diese Übung regelmäßig, während Sie das Buch lesen. Sie öffnen einen Kursverlauf, notieren Uhrzeit, den Kurs, Ihre Prognose für den weiteren Kursverlauf und welche Trendphase vorliegt. Überprüfen Sie später, wie sich der Kurs entwickelt hat und ob Ihre Prognose richtig war. Mit Hilfe dieser Übung lernen Sie die einfachste Form der Chartanalyse und entwickeln ein Bauchgefühl für den Kursverlauf. In dem nachfolgenden Kapitel wird das Thema Chartanalyse ausführlich behandelt.

4.5.3 Aufgabe Einstiegssignale

Suchen Sie in den historischen Charts Ihrer Daytrading-Software nach Trendbestätigungspunkten und betrachten Sie die anschließende Entwicklung des Kurses. Auf der Webseite finden Sie dazu Übungscharts.

5 | Die Chartanalyse

Sie haben im Verlaufe des Buches bereits einige Charts gesehen. Ein Chart ist der Verlauf eines Kurses innerhalb eines Zeitintervalls in einem Koordinatensystem. Auf der x-Achse befindet sich die Zeit und auf der y-Achse der Kurswert. Ein Chart ist die grafische Repräsentation des Orderbuches, wie Sie es bereits kennengelernt haben. Zum Lesen und Analysieren solcher Charts gibt es zwei verschiedene Ansätze. Zum einen die manuelle Chartanalyse mit Hilfe von Trendlinien, Widerstandslinien, Unterstützungslinien und Trendkanälen. Zum anderen gibt es Indikatoren, welche den Chart automatisiert analysieren. Es gibt ganze Bücher, die sich nur einem kleinen Teil dieser Chartanalyse, auch technische Analyse genannt, widmen. Ich beschränke mich an dieser Stelle daher auf das Wichtigste.

5.1 Die Zeiteinheiten

In fast jeder Handelssoftware haben Sie die Möglichkeit, den Chart in verschiedenen Zeiteinheiten darzustellen. Die meist

Abbildung 6: Trendverlauf in unterschiedlichen Zeiteinheiten

verwendeten Zeiteinheiten sind Tick, M1, M5, M15, M30, H1, H4, D1, W1 und MN. Das M steht für Minuten, das H für Stunden, das W für Woche und das MN für Monat. Je nachdem, welchen Zeitraum Sie betrachten, ergeben sich unterschiedliche Chartbilder und auch unterschiedliche Hoch bzw. Tiefpunkte auf dem Chart.

Ein Chart, der auf Tagesbasis seit Monaten einem Aufwärtstrend folgt, kann auf Minutenbasis einen deutlichen Abwärtstrend aufzeigen. Dies ist ganz wichtig für das Verständnis von Kursverläufen. Die Korrekturen der Kursentwicklung eines größeren Zeitrahmens bilden wiederum kurzfristigere Trends in kleineren Zeiteinheiten.

Zu sehen ist das in Abbildung 6. Die dicke schwarze Linie stellt den Kursverlauf auf einer höheren Zeiteinheit D1 dar. Während die dünne Linie denselben Kursverlauf auf M15 zeigt. Im höheren Zeitverlauf D1 zeigt die Linie einen Aufwärtstrend, während auf der dünnen Linie in M15 auch mehrere Abwärtstrends zu finden sind. Wenn Sie jetzt noch eine Zeiteinheit niedriger betrachten, finden Sie wiederum andere kurzfristigere Trends. Also betrachten Sie den Chart abhängig von der geplanten Haltedauer Ihrer Position.

Für längerfristiges Trading von mehreren Stunden und Tagen betrachten Sie den H1, H4 und D1 Chart. Für sehr kurzfristiges Trading, wenn Sie die Position nur wenige Minuten halten, betrachten Sie eher M1, M5 und M15. Achten Sie darauf, ob Sie sich in einer Bewegung oder in der Korrektur befinden. Verlieren Sie die größeren Zeiteinheiten nicht aus den Augen. Für Einsteiger ist es empfehlenswert, auf dem Stundenchart, also H1 zu traden. Das schont Ihre Nerven und sorgt für weniger Kaufsignale. Außerdem ist ein Kaufsignal in einem höheren Zeitfenster auch wesentlich aussagekräftiger, da es viel mehr Transaktionen enthält. Der Minuten- oder gar Tickchart ist sehr sprunghaft und führt zu vielen Fehlsignalen.

5.2 Darstellung des Kurses mit japanischen Candlesticks

Es gibt drei weit verbreitete Arten, einen Kurs grafisch dar-zustellen. Die erste Variante ist ein Linienchart, eine fortlau-fende Linie mit dem aktuellen Kurs auf der y-Achse und der Uhrzeit auf der x-Achse eines Koordinatensystems. Die an-deren beiden Varianten sind der sogenannte Bar-Chart und der Candlestick-Chart (Kerzenchart).

Die Abbildung 7 zeigt die Variante als Kerzenchart. Diese Variante kommt ursprünglich aus Japan und hat sich mittler-weile bei vielen Tradern durchgesetzt. Als Candlesticks oder auch Kerzen bezeichnet man eine Art der grafischen Darstel-lung einer Zeiteinheit. Alle Kurse innerhalb des gewählten Zeitrahmens, beispielsweise M30 (30 Minuten), werden zu einer Kerze zusammengefasst. So entsteht das oben dar-gestellte Bild. Es bildet den Zeitrahmen M30 ab, bei dem jede der Kerzen einem Handelsintervall von 30 Minuten ent-spricht.

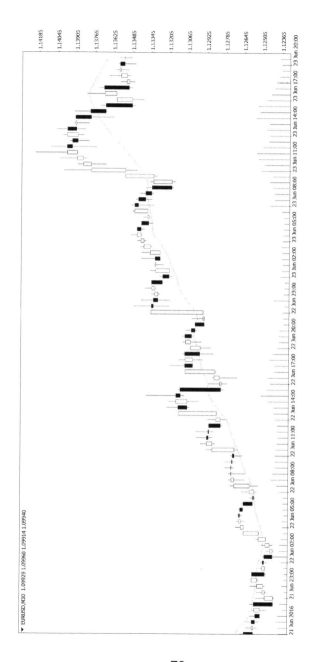

Abbildung 7: Kerzenchart EURUSD M30

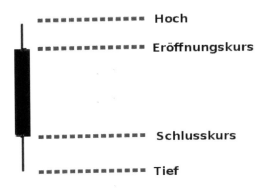

Abbildung 8: Eine negative Kerze im Detail

Abbildung 8 zeigt eine der Kerzen im Detail. Der sogenannte Kerzenkörper, also die umrandete Fläche, zeigt den
Eröffnungs- und Schlusskurs. Der untere Rand des Kerzen-
körpers ist der Kurs den die Aktie zu Beginn der 30 Minuten
Zeiteinheit hatte. Der obere Rand wiederum ist der Kurs den
die Aktie nach den 30 Minuten hatte. Den jeweiligen Kurs
können Sie an der y-Achse des Charts ablesen.

Die Dochte (die dünnen Striche, die aus dem Kerzenkörper
herausragen) zeigen den jeweils höchsten und niedrigsten
Kurs innerhalb der Zeiteinheit. Innerhalb dieser 30 Minuten
kann der Kurs ja auch über den Eröffnungskurs hinaus gehen
und dann wieder fallen.

Der Kerzenkörper ist je nachdem, ob es sich um eine positive oder negative Kerze handelt, unterschiedlich gefärbt. In
vielen Handelsprogrammen sind positive Kerzen grün und
negative rot. Eine positive Kerze sagt aus, dass der Kurs
gestiegen ist, also innerhalb der betrachteten Zeiteinheit ist

der Schlusskurs höher als der Eröffnungskurs. Analog dazu schließt die negative Kerze niedriger, als sie eröffnet. Der Vorteil dieser Darstellung ist die Übersichtlichkeit und dass Sie, im Vergleich zur Darstellung als einfache Linie, mehr Informationen im Blick haben. Das Beispiel in Abbildung 8 ist eine negative Kerze, da der Schlusskurs niedriger ist als der Eröffnungskurs.

5.3 Trendlinien und Trendkanäle

Trendlinien und Trendkanäle sind ein häufig verwendetes Hilfsmittel, um Charts zu analysieren. Wenn Sie sich an die obigen Definitionen von Trends halten, sind Sie darauf nicht angewiesen, aber aufgrund der allgemeinen Verwendung werden sie hier vorgestellt.

Die Abbildung 9 zeigt einen Aufwärtstrend im DAX, mit dem bereits erläuterten Treppenmuster aus Bewegung und Korrektur des Kurses. Zur Analyse zeichnen Sie zunächst eine gerade Linie zwischen den lokalen Minima des Kurses und anschließend verbinden Sie die Maxima ebenfalls mit einer Linie. Die so entstandenen Linien werden als Trendlinien bezeichnet, da sie in Richtung des Trends ansteigen. Die von den Trendlinien begrenzte Fläche wird auch Trendkanal genannt. Innerhalb dieser Spanne bewegt sich der Kurs.

Trendkanäle eigenen sich gut, um mögliche Einstiegskurse zu finden. Spannend sind immer die Ausbrüche aus dem Trendkanal, da hier eine größere Bewegung zu erwarten ist. Beachten Sie aber auch, dass es häufig, wie auch im Bild zu sehen, zum kurzfristigen Durchbruch kommt. Dieses Verhalten wird als Testen eines Kurses bezeichnet. Eine Trendlinie ist umso bedeutender, je öfter der Kurs von ihr angetestet wurde. Eine Trendlinie, die nur zweimal erreicht wurde, ist nicht so aussagekräftig, wie das obige Beispiel, wo der Kurs fünfmal die untere Trendlinie erreicht.

5.4 Unterstützung und Widerstand

Unterstützung (Support) und Widerstand (Resistance) bezeichnen Kurse im Chart, an denen eine Korrektur oder zu-

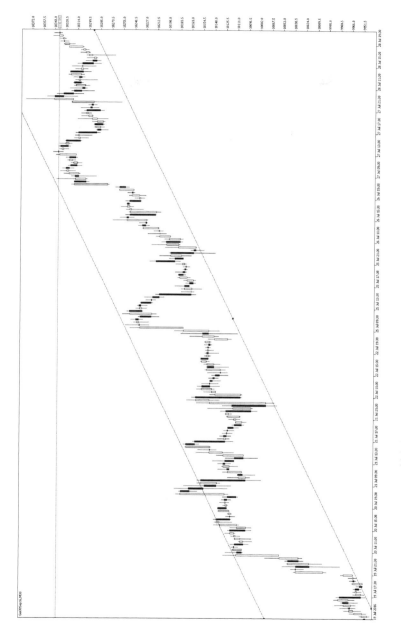

Abbildung 9: Trendkanal im DAX vom 20.-25.7.2016

83

mindest eine Stagnation des aktuellen Trends erwartet wird. Die vorgestellten Trendlinien und der Trendkanal zeigen bereits ein derartiges Beispiel. Wie Sie in der Abbildung 9 sehen, kehrt der Kurs immer an der unteren Trendlinie um, sie ist also eine Supportlinie. Analog dazu übersteigt der Kurs die oberen Trendlinie nicht, daher ist sie ein Widerstand.

Kurse im Chart, welche einen Abwärtstrend aufhalten, sind Unterstützungen, und Kurse, die einen weiteren Aufstieg behindern, nennt man Widerstand.

Diese entstehen durch Trendlinien. Aber gerade für das Daytrading sind auch die Tageslinien von besonderer Bedeutung, also die Eröffnungs- und Schlusskurse des aktuellen und der vorangegangenen Tage. Diese markieren ebenfalls eine Unterstützungs- bzw. Widerstandslinie.

Die Börse wird zum großen Teil durch die Psychologie der Teilnehmer gesteuert. Immer wenn Sie in den Nachrichten etwas über die magische 10.000er Grenze des DAX beispielsweise hören, geht es um Unterstützung und Widerstand bei bestimmten Kurswerten. Und wenn viele Trader die gleichen Nachrichten hören, führt dies oftmals zu einer selbsterfüllenden Prophezeiung. Außerdem kennt niemand den Kurs von morgen. Wir können während des Handelns lediglich Rückschlüsse aus dem bisherigen Kurs ziehen und genau das machen viele Trader. Aus derartigen Kursmustern in der Vergangenheit schließen sie, dass der Kurs sich beim nächsten Mal an diesem Punkt genauso verhält wie beim letzten Mal. Auch hier gilt wieder, je mehr Leute so denken, umso wahrscheinlicher tritt dieses Verhalten auch auf.

Wichtig ist hier noch der Hinweis, dass eine Widerstandslinie, die durchbrochen wurde, zur Unterstützung wird und umgedreht. Wenn ein Abwärtstrend eine Unterstützung durchbricht, wird diese bei einer Trendwende zum Widerstand.

5.5 Indikatoren

Nachdem Sie die unterschiedlichen Zeiteinheiten und die Darstellung des Charts mittels Kerzen kennengelernt haben, gibt es in der Handelsoberfläche noch weitere Hilfsmittel, um Ihnen die Arbeit als Trader zu erleichtern.

Die meisten Handelsprogramme kommen mit vorinstallierten Indikatoren, welche es Ihnen erlauben, einen Chart schneller und einfacher zu analysieren. Ein Indikator ist ein Algorithmus, welcher den aktuellen Chart analysiert und Ihnen grafische Hilfslinien oder erweiterte Informationen anzeigt. Ziel jedes Indikators ist es, Sie zu unterstützen, mögliche zukünftige Kursbewegungen oder Trends vorherzusagen. In einigen Handelsplattformen, wie Metatrader, finden Sie viele verschiedene Indikatoren, deren Vorstellung hier jedoch zu weit führt. Außerdem verwendet jeder Trader seine eigene bevorzugte Handelstechnik und Liste von Indikatoren. Einige betrachten nur den Chart ohne Indikatoren, weil diese sie nur ablenken. Andere wiederum handeln ausschließlich nach Indikatoren.

Nachfolgend stelle ich Ihnen einige der wichtigsten Indikatoren vor und zeige Ihnen mögliche Ableitungen von Handelssignalen. Der große Vorteil von Indikatoren ist, dass sie reproduzierbar sind. Wenn also 1.000 Trader denselben Indikator verwenden, kommen sie zunächst zu der gleichen grafischen Darstellung. Es gilt jedoch zu bedenken, dass jeder Trader diese anders interpretiert. Daytrading ist keine exakte Disziplin.

5.5.1 Moving Avarages

Abbildung 10: Drei verschiedene Moving Avarages

Übersetzt bedeutet der Moving Avarage der "gleitende Durch-schnitt". Dieser glättet die Bewegung über einen vorher de-finierten Zeitraum und gehört zu den Trendfolgeindikatoren. Die erste Linie in Abbildung 10 zeigt einen Moving Avarage (SMA 14) und stellt den durchschnittlichen Schlusskurs der letzten 14 Kerzen dar. Wenn Sie also die betrachtete Zeit-einheit wechseln, ändert sich auch der Durchschnitt. Dieser berechnet sich aus der Summe der letzten 14 Schlusskurse geteilt durch 14 und wird auch einfacher gleitender Durch-schnitt genannt (SMA für Simple Moving Avarage). Je länger der Zeitraum ist, der in die Berechnung mit einfließt, umso weiter entfernt der SMA sich vom aktuellen Kurs.

Der einfache Moving Avarage hat das Problem, dass große Kursschwankungen den SMA für die nachfolgenden Zeitein-heiten verfälschen. Dafür gibt es den Exponential Moving Avarage (EMA). Der exponentielle gleitende Durchschnitt be-wertet aktuellere Schlusskurse höher als ältere. Dadurch ist er in der Regel dichter am aktuellen Kurswert, wie in der

Abbildung 10 zu sehen ist. Der EMA führt damit aber auch häufiger zu Fehlsignalen, welche es zu vermeiden gilt. Experimentieren Sie hier und testen Sie, welche Kombination für Sie am besten funktioniert.

Zusammengefasst können Sie also, mit Hilfe der gleitenden Durchschnitte, Trends leichter erkennen und sehen, wohin der Markt sich ungefähr bewegen wird. In einem Aufwärtstrend befindet sich der aktuelle Preis über dem SMA und in einem Abwärtstrend befindet er sich darunter. Da dies jedoch leicht zu falschen Signalen führt, ist es eine gute Strategie, zwei gleitende Durchschnitte gleichzeitig zu verwenden.

Abbildung 11: Die Schnittpunkte der gleitenden Durchschnitte markieren Einstiegsmöglichkeiten und Trendwechsel

Beispielsweise den SMA 14 und den SMA 30. Dann sehen Sie jeweils einen kurzfristigen und einen längerfristigen Trend. Solange der SMA 14 über dem SMA 30 liegt, besteht ein Aufwärtstrend. Sollten die beiden sich schneiden, entsteht möglicherweise eine Trendwende, welche sich zum Einstieg eignet. Die Abbildung 11 zeigt zwei solcher Szenarien.

In beiden Fällen schneiden sich die SMA und es kommt zu einem Trendwechsel, welcher eine gute Handelsmöglichkeit bietet.

5.5.2 Bollinger Bänder

Abbildung 12: Bollinger Bänder, die 3 Linien entsprechen den Bändern

Die Bollinger Bänder, englisch: Bollinger Bands, sind Indikatoren für die Volatilität eines Marktes. Volatilität meint dabei die Kursschwankungen, also den Bereich, in dem ein Kurs sich bewegt. Sind die Bänder eng beieinander, ist der Kurs stabil, vergrößert sich der Abstand zwischen den Bändern, liegen größere Kursbewegungen vor. Die Basis zur Berechnung ist der bereits erläuterte SMA, meist mit einer Periode von 20. Der SMA bildet das mittlere Band und die zwei anderen Bänder ober- und unterhalb werden mittels Standardabweichung verschoben.

Die Mathematik wollen wir hier nicht weiter betrachten, sondern uns auf die Anwendbarkeit konzentrieren. Hier gibt es zwei interessante Szenarien. Das erste ist der Bollinger

Squeeze: Wenn die Bänder immer enger zusammenrücken, dann steht ein Ausbruch kurz bevor. Dieses Szenario sehen Sie in Abbildung 12 mit 1 und 3 gekennzeichnet. Mit Hilfe des Bollinger Squeeze können Sie einen Trend und mögliche Ausbrüche rechtzeitig erkennen.

Das zweite Anwendungsszenario sind dynamische Support- und Widerstandslinien. Sie haben bereits kennengelernt, wie Sie diese von Hand eintragen. Die Bollinger Bänder tun dies automatisiert. Die Idee dahinter ist, dass es häufig an der oberen oder an der unteren Linie zu einer Korrektur kommt und der Kurs an den Bändern abprallt. Zu sehen ist das an der mit der 2 gekennzeichneten Stelle in der Abbildung. Sie unterscheiden sich aber von den Trendkanälen, indem der Kurs meist nur bis zum mittleren Band zurückgeht und nicht bis zum unteren.

5.5.3 Pivot-Punkte

Pivot-Punkte sind weit verbreitet und werden regelmäßig in Kursanalysen veröffentlicht. Durch die weite Verbreitung stellen sie teilweise eine selbsterfüllende Prophezeiung dar. Sie können als Aktionslinien verstanden werden, an denen der Markt genau beobachtet werden sollte. Ob es sich um einen Ein- oder Ausstieg handelt, hängt dann von der konkreten Marktsituation ab, denn Pivot-Punkte sind sowohl Widerstand als auch Unterstützung.

Die Berechnung des Pivot-Punktes für den aktuellen Tag erfolgt anhand der drei Extrempunkte des Vortages: dem Höchstkurs, dem Tiefstkurs und dem Schlusskurs. Der Pivot-Punkt für den aktuellen Tag ist der Durchschnitt aus diesen drei Werten: (Höchstpunkt + Tiefstpunkt + Schlusskurs) geteilt durch drei. Aus diesem Pivot-Punkt und den Extremwerten des Vortages lassen sich für den aktuellen Tag drei Widerstands- und drei Unterstützungslinien berechnen. Die Widerstände R1, R2 und R3 werden wie folgt berechnet:

- R1: 2 x Pivot-Punkt - Tiefstpunkt

- R2: Pivot-Punkt + Höchstpunkt - Tiefstpunkt

- R3: 2 x (Pivot-Punkt - Tiefstpunkt) + Höchstpunkt

Die Unterstützungspunkte S1, S2 und S3 können ebenfalls aus diesen Werten berechnet werden:

- S1: 2 x Pivot-Punkt - Höchstpunkt

- S2: Pivot-Punkt - Höchstpunkt - Tiefstpunkt

- S3: Tiefstpunkt - (2 x (Höchstpunkt - Pivot-Punkt))

Der Handel nach Pivot-Punkten unterteilt die aktuelle Kerze jeweils in zwei Bereiche: oberhalb und unterhalb des Pivot-Punktes. Erfolgt ein Durchbruch des aktuellen Kurses von unterhalb über den aktuellen Pivot-Punkt, kann das als Signal für einen aufwärtsgerichteten Markt gewertet werden. Analog dazu ist ein Kurs, der unter den aktuellen Pivot-Punkt fällt, ein abwärtsgerichteter Markt, also ein Short-Signal. Die unterschiedlichen Unterstützungs- und Widerstandslinien dienen als Hilfspunkte, an denen es zu einer Kurswende kommen kann. Wenn also der Kurs den Pivot-Punkt überschreitet, ist bei R1 eine Kurskorrektur möglich. Sollte R1 überschritten werden, wird R1 automatisch zur Unterstützung. Mit Aktionslinien ist gemeint, dass zunächst nur eine Aktion erwartet wird. Wie genau diese ausfällt, ist von der jeweiligen Marktsituation abhängig.

5.5.4 Moving Avarage Convergence Divergence (MACD)

Der MACD ist ein, unter Tradern sehr beliebter, Indikator, welcher häufig verwendet wird. Deshalb nehme ich ihn hier auf, rate jedoch davon ab, ihn zu benutzen.

Abbildung 13: MACD Indikator

Die Aufgabe des MACD ist es, neue Trends frühzeitig zu erkennen. In seiner Grundeinstellung verwendet er zwei gleitende exponentielle Durchschnitte mit den Perioden 9 und 26 und einen gleitenden Durchschnitt über 12 Perioden, welcher den Durchschnitt aus der Differenz zwischen dem langsameren und dem schnelleren exponentiellen Durchschnitt berechnet. Ein Beispiel dafür sehen Sie in der Abbildung 13. Die eingezeichneten vertikalen Linien beziehen sich nicht auf den Kurspreis, sondern auf die Differenz zwischen den beiden Kursdurchschnitten. Bei einem Trend steigt die Differenz an und es entsteht ein Handelssignal. Das Problem mit dem MACD ist, dass er ein gleitender Durchschnitt von gleitenden Durchschnitten ist. Jeder gleitende Durchschnitt erzeugt dabei eine Verzögerung, die in diesem Fall entsprechend hoch ist. Für kurzfristiges Trading ist er also nicht geeignet und Tests haben gezeigt, dass er langfristig als alleiniges Handelssignal eine schlechte Performance liefert.

5.5.5 Parabolic Stop and Reversal (PSAR)

Bisher wurden Indikatoren aufgezeigt, welche in erster Linie der frühzeitigen Erkennung von Trends dienen, und somit auch dem Kurseinstieg. Der PSAR gibt Ihnen zusätzlich eine Hilfestellung, wann es Zeit ist, aus einem Handel auszusteigen.

Abbildung 14: PSAR Punkte, um Einstieg und Ausstieg zu vereinfachen

Die Grundidee ist, dass der PSAR von einer virtuellen Long-Position am Anfang ausgehend, eine Stop-Marke berechnet, welche nicht nur vom Kurslevel, sondern auch von der vergangenen Zeit abhängt.

Dazu verwendet der PSAR drei Werte: einen Extremkurs, also ein lokales Maxima, einen aktuellen Stopkurs und einen

Beschleunigungsfaktor. Im ersten Trade ist das Hoch der aktuellen Kerze das Maxima und das Tief der Stop-Kurs. Dann wird mit jeder neuen Kerze im Chart der PSAR neu berechnet und als Punkt eingetragen. Der nächste PSAR Punkt ergibt sich aus der alten Stop-Marke, zu der das Produkt aus der Differenz, von dem Maxima und letztem Stop-Kurs sowie dem Beschleunigungsfaktor, addiert wird. Die Stop-Marke rückt also näher an den Kurs heran. Wenn der aktuelle Kurs die Stop-Marke überkreuzt, führt dies dazu, dass der PSAR auf die andere Seite des Kurses wechselt, also von Long auf Short bzw. umgedreht.

Zu sehen ist das in Abbildung 14. Der Ein- und Ausstieg ist aus dem PSAR einfach abzulesen. Befinden sich die Punkte unterhalb des aktuellen Kurses, ist es ein Kaufsignal und anders herum ist es ein Verkaufssignal. Um ein zuverlässigeres Signal zu haben, warten Sie vor dem Handel beispielsweise drei bis vier Punkte ab. Bei dem PSAR gilt zu beachten, dass dieser nur in Aufwärts- bzw. Abwärtstrends gut funktioniert. In Seitwärtstrends kommt es zu vielen Fehlsignalen. Speziell für Seitwärtstrends eignen sich andere Indikatoren, wie der Stochastics Indikator. Als Einsteiger sollten Sie diese Seitwärtstrends aber ohnehin meiden.

5.5.6   Relative Strength Index (RSI)

Der RSI ist, anders als der SMA oder EMA, ein sogenannter oszillierender Indikator. Das bedeutet, er hat einen begrenzten Wertebereich von 0 bis 100. Die Standardeinstellung für den RSI arbeitet auf 14 Perioden. Für diesen Zeitraum wird der gleitende Durchschnitt aus allen positiven Kerzen und allen negativen Kerzen berechnet. Der RSI ergibt sich dann aus dem Verhältnis der positiven Kursänderungen zur Gesamtkursänderung.

Abbildung 15: RSI vom DAX Chart

Der RSI soll dabei helfen, Marktsituationen zu erkennen, in denen der Markt überkauft ist, also tendenziell wieder abfällt bzw. in unterkauften Märkten zu steigen beginnt. Dazu wird der Wertebereich in drei Zonen eingeteilt. Alle Werte unter 30 gelten als unterkaufter Markt, zwischen 30 und 70 ist normal und alles über 70 entspricht einem überkauften Markt. Wie in Abbildung 15 ersichtlich, fällt der Markt in überkauften Situationen. Kaufsignale entstehen nach dem RSI, wenn er von einem der Extrembereiche wieder in den normalen Bereich eintritt. Außerdem kann der RSI zur Trenderkennung genutzt werden. Ein RSI über 50 signalisiert einen Aufwärtstrend, während der RSI unter 50 auf einen Abwärtstrend hinweist.

5.5.7 Ichimoku Kinko Hyo

Der Ichimoku Kinko Hyo, oftmals abgekürzt als Ichimoku, ist eigentlich mehr als ein reiner Indikator. Er ist ein Trading-System, über das ganze Bücher geschrieben wurden, und

Abbildung 16: Ichimoku Kinko Hyo

zeigt Trends, Trendstärke, Unterstützungen und Widerstände an. Damit eignet er sich für Kauf- und Verkaufssignale. In der nachfolgenden Betrachtung gehen wir von den Standardwerten aus, die Anzahl der Perioden kann jedoch angepasst werden.

Der Ichimoku besteht aus folgenden fünf Linien:

1. Kijun Sen - der gleitende Durchschnitt der höchsten und tiefsten Kurse der letzten 26 Perioden

2. Tenkan Sen - der gleitenden Durchschnitt der höchsten und tiefsten Kurse der letzten 9 Perioden

3. Chikou Span - der aktuelle Kurs, um 26 Zeitperioden in die Vergangenheit projiziert

4. Senkou Span 1 - die Begrenzungslinien der gestreiften Fläche bestehend aus dem Durchschnitt des Kijun und des Tenkan, wiederum 26 Perioden in die Zukunft verschoben

5. Senkou Span 2 - die andere Begrenzungslinie bestehend aus dem Durchschnitt des höchsten Hochs und

tiefsten Tiefs der letzten 52 Zeitperioden, wiederum 26
Perioden im Voraus dargestellt

Klingt kompliziert, aber das Prinzip gleicht dem der anderen Trendindikatoren. Durch die Projektion in die Zu-
kunft/Vergangenheit wird erreicht, dass sich die Kursbilder
nicht überlagern. Zu der Interpretation in Kurzform das Folgende: Wenn der Preis über den Senkou Span und damit
über der gestrichelten Fläche ist, dienen die Begrenzungslinien der Fläche jeweils als Widerstandslevel. Analog dazu
sind sie Unterstützungen, wenn die Senkou Span unter dem
aktuellen Kurs liegen. Der Kijun Sen und der Tenkan Sen sind
analog zu den bereits erläuterten gleitenden Durchschnitten
zu interpretieren.

Für die Kauf- und Verkaufssignale gibt es beim Ichimoku viele Interpretationen. Recht geläufig ist es beispielsweise, auf
den Chikou Span zu achten. Überkreuzt dieser die Kurslinie
von unten nach oben, kaufen Sie. Durchkreuzt er den Kurs
von unten nach oben, verkaufen Sie.

In der Abbildung wurden die Punkte entsprechend markiert,
Punkt 1 ist ein Verkaufssignal und die Punkte 2 und 3 sind
Kaufsignale. Wenn Sie sich für diese Art des Indikator basier-
ten Handelns interessieren, sollten Sie sich den Ichimoku auf
jeden Fall nochmals genauer ansehen. Im Rahmen dieses
Buches würde dies jedoch zu weit führen.

5.5.8 Avarage True Range (ATR)

Die Avarage True Range ist ein Indikator, der die Volatilität
eines Marktes anzeigt. Dazu wird zunächst die True Range
berechnet. Dieser Wert ist die absolute Differenz aus dem
niedrigsten und dem höchsten Kurs einer Kerze. True Ran-

ge heißt es deshalb, weil auch eventuell auftretende Kurslücken berücksichtigt werden. Beispielsweise jene Situation,
wenn der Kurs bei der Eröffnung höher oder niedriger ist im
Vergleich zum Börsenschluss am Vortag. Von dieser Kurss-
panne wird dann jeweils über eine einstellbare Anzahl von
Zeitperioden der Durchschnitt genommen, um den Wert zu
glätten. Sie sehen also am ATR, wie hoch die durchschnittlichen Kursschwankungen innerhalb der betrachteten Zeiteinheiten sind.

Wenn Sie sehen, dass die ATR der letzten 5-Minuten-Kerzen
im DAX immer 10 Punkte waren, können Sie davon ausgehen, dass die nächste 5-Minuten-Kerze mit einer gewissen
Wahrscheinlichkeit wieder ca. 10 Punkte Differenz haben
wird. Steigt der Kurs auf dem Tageschart D1 innerhalb der
letzten Tage im Schnitt 50 Punkte, stellt diese 50 Punkte-
Linie auf dem aktuellen Tageschart zumindest einen Widerstand oder ein gutes Take Profit Ziel dar. Genauso funktioniert es bei den Stop Losses. Es gibt Stop-Strategien, die die
ATR als Grundlage nehmen, indem sie beispielsweise den
Stop automatisch auf das doppelte der Avarage True Range
unter dem aktuellen Kurs setzen.

5.5.9   Fazit zu den Indikatoren

Ziel dieses Abschnittes war es, Ihnen zu verdeutlichen, wie
Ihnen Indikatoren bei der Chartanalyse helfen. Die Abbildungen zeigen positiv Beispiele, in denen das funktioniert, aber
wenn Sie aufmerksam suchen, finden Sie auch genug Ge-
genbeispiele. Indikatoren sind immer mit Vorsicht zu genie-
ßen. Häufig werden Handelsstrategien aus einigen Indikatoren verkauft, für die man im Nachhinein natürlich auch passende Chartformationen findet. Oftmals helfen diese aber gar
nicht, wenn Sie danach handeln wollen. In der ganzen Welt

der technischen Chartanalyse finden Sie nicht nur unzählige Indikatoren, sondern auch unzählige Meinungen, Interpretationen und Strategien. Wenn es wirklich so einfach wäre, nur einem Indikator zu folgen, würden sicher mehr Leute an der Börse erfolgreich handeln.

Für die unten vorgestellten Handelsstrategien, insbesondere die Trendfolge-Strategie, benötigen Sie keine Indikatoren. Trotzdem sind Indikatoren eine nützliche grafische Hilfe und eine sinnvolle Ergänzung zu Ihrem Handelsstil. Lassen Sie sich jedoch nicht von zu vielen Indikatoren und Interpretationen vom eigentlich Marktgeschehen ablenken.

5.6 Aufgaben

5.6.1 Aufgabe Trendlinien und Trendkanäle

Öffnen Sie beliebige Charts in Ihrem Handelsprogramm und finden Sie Trendlinien und Trendkanäle.

5.6.2 Aufgabe Support und Widerstand

Öffnen Sie einen beliebigen Kurs in Ihrer Handelssoftware und finden Sie Support- und Widerstands-Linien. Suchen Sie dazu Punkte, an denen der Kurs immer wieder abzuprallen scheint. Dies empfiehlt sich insbesondere in größeren Zeiteinheiten wie H1.

5.6.3 Aufgabe Indikatoren

Fügen Sie zu den Chartbildern in Ihrer Handelssoftware Indikatoren hinzu und versuchen Sie, daraus gültige Ein- und

Ausstiegssignale abzuleiten.

6 | Strategien für den erfolgreichen Börsenhandel

Nachdem Sie die Grundlagen kennengelernt haben, komme ich jetzt zu einigen konkreten Handelsstrategien im Daytrading.

Eine Strategie ist dabei mehr als ein Indikator. Es ist ein ganzes Handelssystem, in dem Sie die Zeitpunkte und Bedingungen für Kauf und Verkauf genau definieren. Außerdem enthält eine Trading-Strategie auch ein System der Stop-Setzung, um die Verluste zu begrenzen. Es sind auch Take Profits vorgesehen, also automatische Verkäufe, wenn ein bestimmter Gewinn erreicht ist. Wichtig an einer Strategie ist, dass sie reproduzierbar und nachvollziehbar ist. Anhand der Strategie müssen Sie zu jedem Zeitpunkt beurteilen können, ob ein Handel sinnvoll ist oder nicht. Eine Strategie unterscheidet den Glücksspieler vom Trader. Auch wenn eine Strategie zu Verlusten führt, haben Sie durch die Nachvollziehbarkeit immer noch Ansatzpunkte zur Verbesserung. Außerdem hilft sie Ihnen, in emotional angespannten Situationen bessere Entscheidungen zu treffen, da Sie bereits vorher klaren Kopfes entschieden haben und nur noch umsetzen müssen. Wenn Sie sich heute vor einen Basketballkorb aufstellen und immer wieder auf den Korb werfen, würden Sie gewiss einige Treffer landen. Aber um ein Spiel zu gewinnen, wird es nicht reichen, solange Sie nicht konstant treffen und wissen, was Sie wann zu tun haben.

Nachfolgend werden mögliche Strategien vorgestellt, die Ihnen verschiedene Handelsansätze aufzeigen. Alle wurden bereits erfolgreich und profitabel in der Praxis umgesetzt. Sie sind aber nur für Auf- und Abwärtstrends geeignet. In Märkten, die sich seitwärts bewegen, sollten Sie zunächst nicht handeln.

Auf der Webseite zum Buch unter http://daytradingbuch.de können Sie als Leser des Buches im Mitgliederbereich noch eine weitere Strategie finden, welche Ihnen anhand eines Videos zeigt wie Sie von Großereignissen an der Börse profitieren können.

6.1 Trendfolgestrategie

Abbildung 17: Abbildung eines Trends mit Ein- und mögl. Ausstieg durch 1 und 2 markiert

Die Trendfolgestrategie ist eine der ältesten und bewährtesten Strategien, die sich sowohl für kurzfristiges Handeln als auch für längerfristige Investitionen eignet.

Die Grundidee ist es, dass ein Vorhersagen des Trends immer schwierig ist. Jedoch ist das Erkennen eines bestehenden Trends, anhand der bereits im Kapitel über Kursverläufe genannten Kriterien, einfach. Ein passendes Motto ist "the trend is your friend".

Eine der ersten bekannten Trendfolgestrategien stammt von den sogenannten Turtle Tradern. Dies waren Börsenhändler, die in den 1980er Jahren ihr gesamtes Handels-Wissen in klar definierte Regeln fassten. Sie vertraten die Meinung, dass man so jedem das Traden beibringen kann. Um diese These zu belegen, wählten sie eine Gruppe zufälliger Bewerber ohne Börsenerfahrungen aus. Innerhalb von zwei Wochen lernten diese die Regeln und konnten in den nachfolgenden vier Jahren weit überdurchschnittliche Renditen von bis zu 80% erzielen.

Trendfolgestrategien erfreuen sich deshalb bis heute einer großen Beliebtheit und sind eine der wenigen Strategien, die nachweislich konstante Gewinne einbringen. Nachfolgend werden die Grundzüge einer Trendfolgestrategie ausführlich erläutert. Egal, ob Sie Anfänger oder bereits fortgeschritten sind, Sie sollten diese Strategie auf jeden Fall beherrschen. Für das Verstehen der Strategie ist es wichtig, dass Sie die Definitionen eines Trends kennen und die Entwicklung eines Trends mit den typischen Treppenmustern verstanden haben. Abbildung 17 zeigt den Bereich des Kurses, den Sie mit einer Trendfolgestrategie anvisieren. Der Einstieg wäre ungefähr bei 1 und der Ausstieg frühestens bei 2. Da der Trend dort noch nicht endet, könnte der Handel jedoch auch weitergehen. Die Trendfolgestrategie funktioniert in beide Richtungen. Sie können also alle Trendmärkte handeln.

6.1.1 Der Einstieg

Betrachten Sie die Abbildung 18. Der Chart zeigt einen Aufwärtstrend im H1 Chart des EUBund. Betrachten Sie zuerst den mit einer 1 markierten Punkt. Dies ist ein lokales Maximum, auf das im Anschluss eine Korrektur erfolgt bis zum ersten Punkt 2. Dieser ist ein lokales Minimum. Dieses Verhalten von Trends aus Bewegung und Korrektur sollte soweit bekannt sein.

Spannend ist jetzt der erste Punkt 3. An diesem wird das vorherige lokale Maximum, welches in Punkt 1 lag, überschritten. Sie haben diesen Punkt bereits im Abschnitt über die Kursbewegung kennengelernt als Trendbestätigungspunkt. Dadurch entsteht ein neues lokales Maximum im darauf folgenden Punkt 1.

Dieser Punkt 3, bei dem wir wissen, dass ein neues Hoch entstehen wird und welches den Trend bestätigt, ist unser Einstiegssignal. Dieses Signal führt zum nächsten Punkt 1, welcher wieder ein lokales Maximum darstellt. Die Phase von 2 zu 3 ist jeweils die Bewegung des Trends und die Phase von 1 zu 2 die Korrektur.

Alle möglichen Einstiegspunkte nach der Trendfolgestrategie sind mit einer 3 gekennzeichnet. Immer wenn das vorherige lokale Maximum überschritten wurde, entsteht ein neues Einstiegssignal. Betrachten Sie auch die übergeordneten Zeiteinheiten. Liegt in einer höheren Zeiteinheit ebenfalls ein

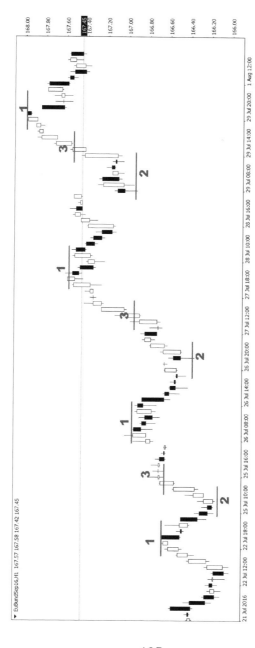

Abbildung 18: Ein und Ausstiege in der Trendfolgestrategie

Punkt 3 vor, kann dies weitere Kauf-Order im Markt auslösen. Also wird das Einstiegssignal entsprechend verstärkt, wenn der kurzfristige Trend mit dem längerfristigen Trend übereinstimmt und auf mehreren Zeiteinheiten Einstiegssignale vorliegen. Wenn Sie also den M15 Chart handeln, betrachten Sie immer auch M30 oder H1.

6.1.2   Der Ausstieg

Man sagt: An der Börse sind zwei mal zwei nicht vier, sondern fünf minus eins. Sie müssen nur die Nerven haben, dieses minus eins auszuhalten.

Betrachten wir jetzt deshalb die richtigen Stopps. Wenn Sie am ersten Punkt 3 eingestiegen sind und den Trend von Anfang an erwischt haben, setzen Sie Ihren ersten Stopp Loss auf den ersten Punkt 2. Dieser ist das vorherige lokale Minimum. Die Definition des Aufwärtstrends ist, dass er solange besteht, wie das nächste lokale Minimum höher ist, als das vorherige. Dasselbe gilt für die Maxima. Der nächste Punkt 1 muss jeweils höher liegen als der vorherige. In dem Moment, wo der aktuelle Kurs unter den letzten Punkt 2 fällt, ist der Trend nicht mehr intakt und die Position wird aufgrund des gesetzten Stopp Loss automatisch geschlossen.

Dieses Prinzip gilt genauso für alle folgenden Punkte. Wenn Sie den jeweils nächsten Punkt 3 erreichen, setzen Sie Ihren Stop Loss auf den jeweils letzten Punkt 2. Der Stop Loss liegt immer auf dem letzten lokalen Minimum. So vermeiden Sie zu große Verluste und können eine andere Börsenweisheit sehr gut umsetzen: Gewinne laufen lassen, Verluste begrenzen. Häufig machen Anfänger hier den Fehler, Gewinne zu früh zu schließen. Mit dieser Strategie werden Gewinne nie von Hand geschlossen. Am Ende des Trends werden die

Positionen automatisch geschlossen.

Eine Ausnahme gibt es hier: Wenn die Abstände zwischen dem letzten Punkt 2 und dem aktuellen Punkt 1 sehr groß werden, weil keine neuen Korrekturen eintreten. In diesem Fall kann es sinnvoll sein, Teilgewinne mitzunehmen oder die Position auch ganz zu schließen, wenn Sie nicht mit einer Fortsetzung des Trends rechnen. Dies kann beispielsweise der Fall sein, wenn eine positive Nachricht einen Kurs kurzfristig stark in die Höhe treibt.

6.1.3 Die alternative Positionseröffnung

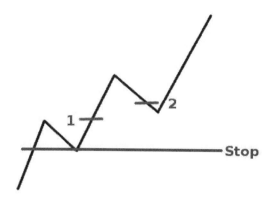

Abbildung 19: Alternative Positionseröffnung

Oftmals kann es im Trendhandel vorkommen, dass Sie ein Einstiegssignal verpasst haben. Der Kurs ist jetzt bereits in der Bewegung und Sie stehen vor der Frage, ob es jetzt noch sinnvoll ist, eine Position zu eröffnen. Dazu betrachten Sie zunächst, was passiert wäre, wenn Sie die Position direkt beim Auftreten des Handelssignals gehandelt hätten. Zu sehen in

Abbildung 19. Dann hätten Sie den Stop Loss entsprechend positioniert, sichtbar durch die Stop-Linie und hätten Ihre Position an der mit einer 1 markierten Stelle eröffnet. Wenn Sie also später eine Position eröffnen, wäre dieser Stop-Kurs Ihr maximaler Verlust.

Dann betrachten Sie eventuelle Kursziele in Form von Unterstützungen oder Widerständen und können so leicht beurteilen, ob ein verspäteter Einstieg noch lohnt. Es gibt hier auch die Strategie, direkt in die Korrektur hinein eine Position zu eröffnen. Das bedeutet, wenn Sie einen Trend erkannt haben, warten Sie die nächste Korrektur ab, schätzen anhand der vorherigen Korrekturen im Trend deren ungefähren Verlauf ab und eröffnen dann die Position am vermutlichen Ende einer Korrektur. Das Risiko bleibt in diesem Fall ähnlich, da Sie als Stop Loss wieder das vorherige lokale Hoch oder Tief nutzen, aber Ihr Gewinn erhöht sich, da Sie eine größere Kursbewegung mitnehmen können. Dargestellt ist dieser alternative Einstieg in Abbildung 19 mit der Zahl 2. An diesem Punkt 2 ist die Kurskorrektur ähnlich hoch wie die vorherige, deshalb eröffnen Sie hier eine Position in die Korrektur hinein. Dies ist jedoch eher für erfahrene Trader geeignet.

Dieses Beispiel verdeutlicht, dass eine exakte Positionseröffnung einerseits gar nicht möglich ist und andererseits aber auch nicht notwendig. Positionieren Sie Ihre Stopps gut und dann lassen Sie die Position laufen.

6.1.4 Vorteile

- Eignet sich sowohl für kurzfristigen als auch langfristigen Handel, Trends gibt es auf allen Zeitebenen

- erfordert weniger Aufmerksamkeit, Stopps sind länger gültig und Trends beziehen sich auf einen längeren

Zeitrahmen

- geringere Gebühren, dadurch das Sie weniger Trades eingehen
- einfach umzusetzen

6.1.5 Nachteile

- erfordert Geduld
- Korrekturen im Kurs müssen abgewartet werden
- je nach Positionsgröße kommt es zu relativ hohen Schwankungen

6.1.6 Fazit zur Trendfolgestrategie

Diese Strategie gibt es in vielen Varianten. Sollten Sie neu an der Börse sein oder auch einfach nur nach einem entspannten längerfristigen Handelsstil suchen, welcher keine ständige Kontrolle erfordert, ist die Trendfolgestrategie genau richtig für Sie.

6.1.7 Beispieltrade

Das Konzept der Trendfolgestrategie werde ich jetzt an einem Beispielhandel nochmals ausführlich erläutern. Sehen Sie sich dazu die Abbildung 20 an, diese zeigt den DAX im 4-Stunden Chart vom 8. Juni 2016 bis zum 15. August.

Die Zahlen markieren alle für den Handel wichtigen Punkte. Punkt 1 markiert den Anfang der Betrachtung. Dies war der Tag des BREXIT Votums am 23.06.2016, welches zu einem großen Kurssturz führte.

Zunächst zur offensichtlichen Short-Möglichkeit: Das sind die Tage an denen Sie schnell reich werden können, wenn Sie im Vorfeld auf den Kurssturz vorbereitet sind.

Aber zurück zur Trendfolgestrategie: Punkt 1 und Punkt 2 sind lokale Tiefpunkte. Punkt 2 ist jedoch höher als Punkt 1, wodurch sich eine Erholung des Kurses bereits andeutet. In den Nachrichten der folgenden Tage waren beruhigende Worte von Politikern zu hören, dass das Votum gar nicht bindend ist und ähnliches. Die Marktteilnehmer, die nach dem Votum so panisch reagiert hatten, erkannten, dass der Großteil von ihnen von dem Votum gar nicht betroffen ist. Die Märkte erholten sich also angesichts dieser Nachrichtenlage. Diese Entwicklung war vorhersehbar und soll verdeutlichen, dass Sie während des Trades auch die allgemeine Nachrichtenlage immer berücksichtigen. Um sicherzugehen, dass der Kurssturz vorbei ist, warten Sie den Punkt 3 ab.

Dieser Punkt 3 bestätigt den Aufwärtstrend und bietet eine gute Einstiegsmöglichkeit. Die Stop Loss Order für den automatischen Verkauf, platzieren Sie an Position 2. Die Position läuft zunächst weit ins Minus, bis an den Punkt 4. Dies ist bei Trendfolgestrategien vollkommen normal. Der Aufwärtstrend ist aber immer noch intakt, da der Punkt 2 nicht unterschritten wurde. Selbst wenn eine Position mehrmals negativ wird, kann der Trend also noch intakt sein. Es ist ratsam, dass Sie in so einem Fall die Position nicht vorzeitig schließen.

Ab Punkt 4 ging es dann zunächst wieder in Richtung des Aufwärtstrends zum Punkt 5. Zu diesem Zeitpunkt wurde der

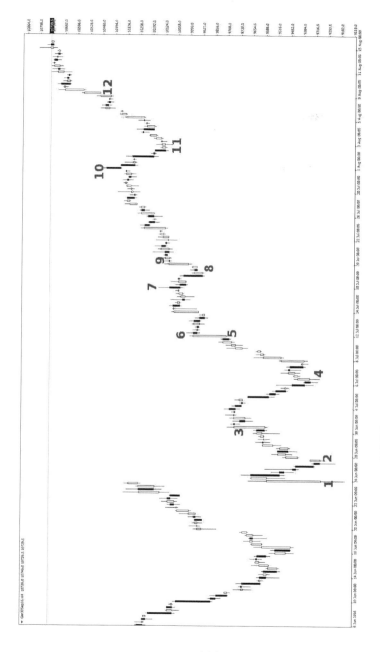

Abbildung 20: Beispieltrade Trendfolgestrategie

111

Trend erneut bestätigt und ein neues Hoch war abzusehen. An dem Punkt 5 könnten Sie Ihre Positionsgröße verdoppeln, da der Trend erneut bestätigt wird und Sie mit einem Anstieg auf den Kurswert vor dem BREXIT Votum rechnen können.

Es folgte auch unmittelbar nach der Kursbestätigung der neue Hochpunkt 6. Ebenfalls ist hier gut sichtbar, dass es nach der Trendbestätigung in Punkt 5, zu einer deutlichen Kursbewegung in Richtung des Trends kam. Vergleichen Sie hierzu den Abschnitt über Kursbewegungen. Der korrekte Stop Loss an diesem Punkt 6 liegt immer noch an Punkt 4. Da der Kursabstand jedoch sehr groß geworden ist, ist es sinnvoll, auf Punkt 5 eine neue Stop Loss Order zu platzieren, welche die Hälfte Ihrer Position schließen würde, sollte der Kurs erneut unter den Punkt 5 fallen.

Es ging jedoch bis zum neuen Hochpunkt 7 weiter aufwärts und anschließend erfolgte die Korrektur auf Punkt 8. Der Punkt 9 bildet ein neues Einstiegssignal, da das vorherige Hoch am Punkt 7 erneut erreicht wurde. Zu diesem Zeitpunkt können Sie den Stop Loss für die gesamte Position auf den Punkt 8 setzen. Das gleiche Prinzip setzt sich dann so fort.

Punkt 10 ist der neue Hochpunkt und Punkt 11 die Korrektur bis zum neuen Tiefpunkt. Diese Korrektur war sogar ziemlich genau an dieser Stelle vorherzusehen, da hier der Hochpunkt vor dem BREXIT Votum erreicht wurde, und dieser Kurs somit einen Widerstand bildet. An Punkt 12 setzen Sie das Stop Loss Limit auf das vorherige Tief, also Punkt 11. So können Sie ohne viel Aufwand oder ständige Marktbeobachtung langfristig von einem Trend profitieren. In diesem Zeitraum von circa einem Monat hätten Sie lediglich zwei mal eine Position eröffnet und fünf mal einen Stop Loss gesetzt bzw. verändert.

Bei einer anfänglichen Positionsgröße von einem DAX-

Kontrakt, hätten Sie von Punkt 2 bis Punkt 12 1.480 Punkte erzielt. Dazu kommen 990 Punkte aus dem zweiten Kontrakt ab Punkt 5. Insgesamt also 2.470 Punkte. Pro DAX Punkt, wenn Sie einen ganzen Kontrakt handeln, verdienen Sie 25 Euro. Insgesamt konnte in diesem Zeitraum also mit relativ wenig Aufwand ein Gewinn von 61.750 Euro erzielt werden. Selbst mit einem kleineren Handelskonto und wenn Sie nur 0.1 DAX Kontrakte handeln, wären das noch 2.50 Euro pro Punkt und insgesamt 6.175 Euro Gewinn. Als ungefähren Richtwert hier vorweg, um 0.1 DAX Kontrakte mit einem vernünftigen Risikomanagement zu handeln, benötigen Sie ein Handelskonto von ca. 10.000 Euro. Die reine Margin beträgt bei dem DAX meist 1%, Ihnen steht ein Hebel von 100 zur Verfügung. Sie hätten also für den Handel von einem DAX-Kontrakt, der zum Zeitpunkt 2 ca. bei 9.275 Punkten lag, lediglich ein Kapital von 92,75 Euro benötigt.

6.2 **Break Out Trading**

Das Break Out Trading ist eine kurz- bis mittelfristige Strategie, in der Sie aber nur die Bewegung von einigen wenigen Kerzen handeln. Während Sie bei der Trendfolgestrategie praktisch mit dem Kurs durch die guten und die schlechten Zeiten gehen, infolge von Bewegung und Korrektur, handeln Sie beim Break Out Trading nur die Bewegung nach einem Einstiegssignal. Wie Sie in der Abbildung 21 sehen, gehen Sie im Vergleich zur Trendfolgestrategie bereits deutlich mehr Trades ein. Der mögliche Gewinn der einzelnen Trades ist geringer, aber dafür verringern Sie auch das Verlustrisiko.

6.2.1 **Die Ein- und Ausstiege**

Bei der Break Out Strategie handeln Sie nur die Bewegung zwischen den Punkten 1 und 2 in Abbildung 21. Break Out bedeutet übersetzt so viel wie Ausbruch und bezieht sich auf den Kurspreis, welcher kurzfristig steigt oder fällt. Sie warten, wie bei der Trendfolgestrategie, auf die Bestätigung eines Trends, diesmal mit Punkt 1 gekennzeichnet. Also immer, wenn Sie ein neues Hoch erwarten, steigen Sie in den Handel ein und platzieren die Order.

Etwas schwieriger wird es mit der Stop-Setzung. Zunächst sollten Sie den ersten Stop nach Positionseröffnung auf den Schlusskurs der letzten Kerze im Chart vor Markteintritt legen. Oft verringert sich vor einem Trendausbruch jedoch die Volatilität und es entstehen also viele kleine Kerzen. In diesem Fall nehmen Sie als Stop Loss den Schlusskurs der letzten größeren Kerze, da andernfalls der Stop zu eng am Kurs anliegt und die Position häufig falsch ausgestoppt wird.

Der zweite Stop-Punkt, zu dem Sie nachziehen, ist der so-

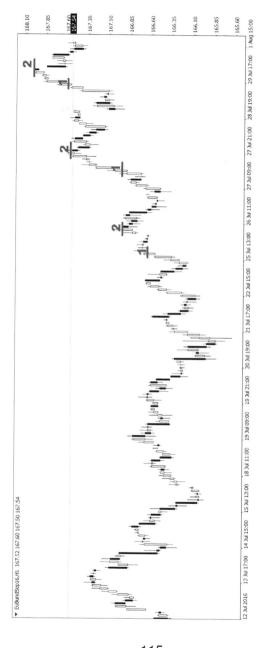

Abbildung 21: Die Zahlen markieren wieder die möglichen Ein- und Ausstiege

genannte Break Even Stop. Dazu setzen Sie den Stop Loss auf den Kurs Ihres Einstiegs. Zu diesem Zeitpunkt können Sie keinen Verlust mehr machen, Sie haben Ihre anfängliche Investition auf jeden Fall wieder. Diese Situation, wo Sie keinen Gewinn oder Verlust machen, nennt man in der Wirtschaft "Break Even". Anschließend können Sie den Stop manuell dicht am aktuellen Kurs nachziehen, indem Sie den Stop jeweils auf den Schlusskurs der vorangegangenen Kerze ziehen. Das hat den Vorteil, dass Sie auch bei größeren Bewegungen den maximalen Gewinn erzielen.

Genau wie die Trendfolgestrategie funktioniert das Break Out Trading, sowohl in Aufwärts- als auch in Abwärtstrends. Das Break Out Trading ist dabei nicht nur an Trendbestätigungspunkten handelbar, sondern auch, wenn ein Ausbruch aus einem Trendkanal erfolgt oder aber wenn Widerstands bzw. Unterstützungslinien durchbrochen werden. Ziehen Sie bei dieser Strategie die Stopps manuell nach und nicht mit der, in einigen Handelsprogrammen enthaltenen, Trailing Stop Funktion. Diese ignoriert meist die Volatilität, also die Kursschwankungen des Marktes. In einem sehr volatilen Markt können größere Schwankungen innerhalb der Bewegung völlig normal sein. Ihr Stop Loss muss also weiter sein, als wenn der Kurs nur geringen Schwankungen unterliegt. Orientieren Sie sich sowohl bei den Einstiegen als auch den Ausstiegen also immer am Marktgeschehen.

6.2.2 Vorteile

- eignet sich sowohl für den kurzfristigen als auch für den mittelfristigen Handel

- Sie handeln nur kürzere Bewegungen, müssen Verluste nicht aussitzen und haben dadurch auch geringere Schwankungen

- einfach umzusetzen

6.2.3 Nachteile

- erfordert ein genaues Auge für die richtigen Ein- und Ausstiege
- erfordert eine gute Markteinschätzung, um die richtigen Stops und Take Profits zu platzieren
- funktioniert nur gut in liquiden und volatilen Märkten
- Sie müssen aktiver handeln, mehr den Markt beobachten und mehr Trades eingehen, was auch zu höheren Gebühren führt

6.2.4 Fazit zur Break Out Trading Strategie

Die Strategie ist gut geeignet, wenn Sie gerne aktiv handeln und mehr Trades eingehen wollen. Wenn Sie auf ein gutes Gewinn/Verlust-Verhältnis setzen und die richtigen Einstiegspunkte wählen, kann diese Strategie ohne große Schwankungen sehr profitabel sein.

6.3 Scalping

Die Scalping Strategie ist das Gegenteil von der Trendfolge und ist nur für den sehr kurzfristigen Handel ausgelegt. Die Handelszeit umfasst meist nur wenige Sekunden bis Minuten. Nicht alle Broker erlauben diese Strategie, von daher prüfen Sie zunächst, ob Ihr Broker geeignet ist. Die Idee dahinter ist es, viele sehr kleine Trades zu machen, mit jeweils kleine Gewinnen und sehr engen Stop Losses. Die Scalping Strategie funktioniert am besten in sehr liquiden Märkten, wie dem

Forex-Markt. Sie funktioniert auch in seitwärts Trendphasen, aber achten Sie auf möglichst geringe Handelsgebühren. Die Gebühren werden aufgrund der hohen Anzahl der Trades immer einen Großteil des Gewinns wieder vernichten.

6.3.1 Die Ein- und Ausstiege

Dazu betrachten Sie den Markt meistens auf einer sehr kleinen Zeiteinheit wie dem Tickchart oder direkt dem Orderbuch und suchen, ähnlich wie beim Break Out Trading, die entsprechenden Stellen im Markt, an denen Sie eine Kursbewegung erwarten. Aber im Unterschied zu den anderen beiden Strategien schließen Sie die Position bereits nach den ersten ein oder zwei positiven Kerzen wieder. Das hat den Vorteil, dass falsche Ausbrüche nicht zu hohen Verlusten führen, aber oftmals den Nachteil, dass Sie hohe Gewinne nicht mitnehmen. Stellen, die sich zum scalpen eignen, sind Unterstützungslinien, Widerstände, Trendkanäle, Trendausbrüche, jegliche Art von Indikatorsignalen, Nachrichten und viele mehr. So einfach die Strategie auf den ersten Blick auch sein mag, sie erfolgreich umzusetzen erfordert sehr viel Erfahrung und Marktwissen. Grundlegend wird die Scalping Strategie noch in zyklisch oder antizyklisch unterteilt. Zyklisch bedeutet hier, mit dem Trend zu handeln und antizyklisch sind Scalper, die gegen den Trend handeln und auf Korrekturen setzen. Die Stopps erfolgen sehr nahe am Markt, meist nur mit 3-10 Punkten Abstand maximal. Hier gilt zu beachten, dass wieder nicht alle Broker so enge Stop Losses erlauben.

6.3.2 Vorteile

- keine langfristigen Marktanalysen notwendig

- sehr schnelle, aber kleine Gewinne dadurch auch geringere Schwankungen

- sehr viele Handelssignale und Trading-Chancen, Ihnen wird sicher nie langweilig

6.3.3 Nachteile

- sehr nervenaufreibend (einige mögen aber genau diesen Nervenkitzel)

- erfordert ständige Marktbeobachtung und Aufmerksamkeit, sehr zeitintensiv

- sehr viele Trades und dadurch sehr hohe Gebühren

- geringes Gewinn/Verlust Verhältnis

- nicht bei allen Brokern möglich

- erfordert sehr viel Erfahrung und Disziplin

6.3.4 Fazit zum Scalping

Diese Variante ist nur für die wenigsten geeignet. Sie sollten lange Tradingerfahrung besitzen und geistig in Topform sein. Als Einsteiger lassen Sie lieber die Finger davon. Es ist viel schwieriger, als es aussieht, und verleitet zu impulsiven Fehl-Trades.

6.4 Automatisierter Handel

Geld verdienen im Schlaf, ohne dass Sie auch nur einen Finger krümmen müssen. So oder so ähnlich lauten die Versprechen der Anbieter solcher automatisierten Handelssysteme. Zunächst vorweg, ja, möglich ist das. Aber bevor Sie Geld für ein Handelssystem ausgeben, stellen Sie sich eine Frage: Würden Sie selber eine Gelddruckmaschine verkaufen? Für wenige hundert Euro? Ich denke, da geht es Ihnen wie den meisten, sollten sie ein derartiges Handelssystem besitzen, ist es Ihr bestgehütetes Geheimnis. Da die Automatisierung des Handels jedoch die psychische Komponente, an der viele Trader scheitern, ausschaltet und es ermöglicht, parallel viel mehr Märkte zu beobachten, werden zumindest die Grundprinzipien des automatischen Handelns kurz erläutert.

Ein möglicher Ansatz für automatisierten Handel ist das High-Frequency-Trading. In einer bekannten Börsenzeitung gab es dazu mal einen Artikel über den Algorithmus einer amerikanischen Börsenfirma, der angeblich 99% aller Trades gewinnt. Die durchschnittliche Haltedauer betrug dabei nur 11 Millisekunden. Dieser Algorithmus machte sogenannte Arbitragegeschäfte, also an einem Handelsplatz günstig einkaufen und an einem anderen nur wenige Millisekunden später minimal teurer verkaufen. High-Frequency-Trading ist ein sehr spannendes Thema, aber für Privatpersonen kaum umsetzbar. Alleine die Übertragung Ihrer Anfrage an die Computer des Brokers dauert bei einem normalen DSL oder Kabelanschluss schon zwei bis drei mal solange wie diese 11 Millisekunden. In London gab es den Fall, dass eine Firma die Standorte ihrer Netzwerkserver in ein anderes Bürogebäude verlegte, nur weil sie dadurch etwas dichter am Server der Börse standen. Von dieser Millisekunde versprachen sie sich höhere Gewinne und gaben dafür viele Millionen aus.

Eine weitere spannende Geschichte dazu: Der Flashcrash von 2010. Hier stürzte der Leitindex der amerikanischen Börse, der Dow Jones, innerhalb weniger Minuten um fast 1.000 Punkte ab. Das entspricht mehreren hundert Milliarden Dollar an Aktienwert. Mitauslöser war angeblich ein privater, unscheinbarer Händler aus einem kleinen Dorf in England, der mit seinem Handelsalgorithmus in den Jahren 2010 - 2014 angeblich über 40 Millionen Euro Gewinn erzielt hat. Interessanterweise aber trotzdem noch bei den Eltern wohnte und ein altes Auto fuhr.

Er hatte ein Programm geschrieben, das Futures auf Aktienkurse leer verkaufte. Er verkaufte also millionenfach Kontrakte, die er gar nicht besaß. Sie haben ja in dem Abschnitt über die Entstehung eines Aktienkurses bereits gelesen, wozu das führt. Wenn das Angebot viel größer ist als die Nachfrage, fällt der Preis unweigerlich. Der Trick dieses Herren bestand darin, dass er nicht wirklich verkaufte. Er platzierte nur die Order am Markt, minimal höher als andere Käufer bereit waren dafür auszugeben und löschte diese dann sofort wieder aus den Orderbüchern. Über 97% seiner Aufträge wurden somit niemals ausgeführt. Aber die anderen Händler sahen natürlich diese massiven Verkäufe und aus Angst vor Verlusten verkauften sie ebenfalls. So fielen die Preise und in nur wenigen Minuten kam es zum Crash. Sein Plan war es, nachdem er die Kurse gedrückt hatte, günstig einzukaufen und von den Gewinnen zu profitieren. Nach dem Absturz, der sogar zu einer kurzzeitigen Aussetzung des Börsenhandels führte, geschah dies auch. Die Aktien stiegen wieder auf ihren alten Wert zurück. Wer hier richtig positioniert war, konnte wirklich schnell reich werden. Ende vom Lied ist jedoch, dass die USA die Auslieferung forderte und der Mann festgenommen wurde.

Auch als Privatperson können Sie von automatisierten Handelsstrategien profitieren. Dazu gibt es zwei verbreitete Ansätze. Zum einen das Social-Trading und zum anderen sogenannte Expert-Advisors. Das sind Algorithmen, welche anhand von Indikatoren automatisch handeln.

6.4.1 Social-Trading

Es gibt für das Social-Trading, auch Copy-Trading genannt, Plattformen im Internet, wo andere Börsenhändler alle ihre Trades in Echtzeit veröffentlichen. Eine Liste solcher Anbieter und weitere Informationen finden Sie auf der Webseite http://social-trader.info. Sie als privater Trader können Ihr Handelsprogramm so einstellen, dass automatisch alle Trades in Ihren Account kopiert werden.

Das bedeutet: Nachdem Sie einen Händler ausgewählt haben, werden automatisch alle Trades, die dieser Händler ausführt, gleichzeitig auch in Ihrem Account gehandelt. Risikomanagement und Positionsgröße können Sie jedoch alleine einstellen. Dies ist eine bequeme Möglichkeit, von der Börsenerfahrung anderer zu profitieren und dabei auch noch zu lernen. Das Einrichten ist sehr einfach und wenn Sie auf den richtigen Experten setzen, ist dies eine profitable Variante, mit wenig Aufwand, Geld zu verdienen. Meist sind bei dieser Form des Tradings die Gebühren jedoch höher als normal, weil die Börsenhändler, die öffentlich handeln, von diesen Gebühren bezahlt werden. Dies ist übrigens auch eine Variante, wie Sie mit Daytrading Geld verdienen können, indem Sie Ihre Handelssignale anderen zur Verfügung stellen. Durch die Provisionen erhöhen Sie Ihre eigenen Gewinne und so kann auch bei kleinem Startkapital ein gutes Einkommen generiert werden. Außerdem haben Sie automatisch ein öffentliches Tradingtagebuch und die Kontrolle von außen. Einige können so disziplinierter handeln, als wenn sie dies nur für sich alleine tun. Zusammenfassend ist Social-Trading also eine interessante Variante, die Sie durchaus in Erwägung ziehen können. Falls Sie sich für das Thema interessieren, können Sie sich auf http://social-trader.info weiter informieren.

6.4.2 Expert-Advisors

Der Handel mit der Daytrading-Software Metatrader kann mit Hilfe von sogenannten Expert-Advisor komplett automatisiert werden. Dies ist für private Anleger die häufigste und einfachste Möglichkeit, ihren Handel komplett zu automatisieren. Diese Expert-Advisor können Sie auf verschiedenen Internetseiten kaufen oder aber selbst programmieren.

Die Grundidee ist, dass die Handelssignale von den bereits vorhandenen oder ebenfalls selbst geschriebenen Indikatoren automatisch umgesetzt werden. Dazu bietet Metatrader eine eigene Programmiersprache MQL an. Die Version 4 ähnelt dabei sehr stark der Programmiersprache C, während MQL5 an C++ angelehnt ist. Sie müssen kein Programmierexperte sein, um eigene Handelssysteme zu entwerfen. Sehen Sie sich dazu die Dokumentation und einige frei verfügbare Expert-Advisor an und es kann losgehen. Wenn Sie Ihre Strategie umgesetzt haben, können Sie diese in Metatrader automatisch einem Backtest unterziehen. Das bedeutet, dass Sie anhand von historischen Kursdaten prüfen, wie Ihr Algorithmus sich am Markt geschlagen hätte. Das kann übrigens auch für andere Strategien ein nützliches Hilfsmittel sein. Die Ergebnisse aus Backtests lassen jedoch nur sehr eingeschränkt Rückschlüsse auf zukünftige Ergebnisse zu. Die genauen Ursachen dafür führen an dieser Stelle jedoch zu weit. Wenn Sie also Ihre Strategie programmiert oder gekauft haben, benötigen Sie noch einen Rechner, der permanent online ist und dort können Sie dann Ihre automatisierte Strategie laufen lassen.

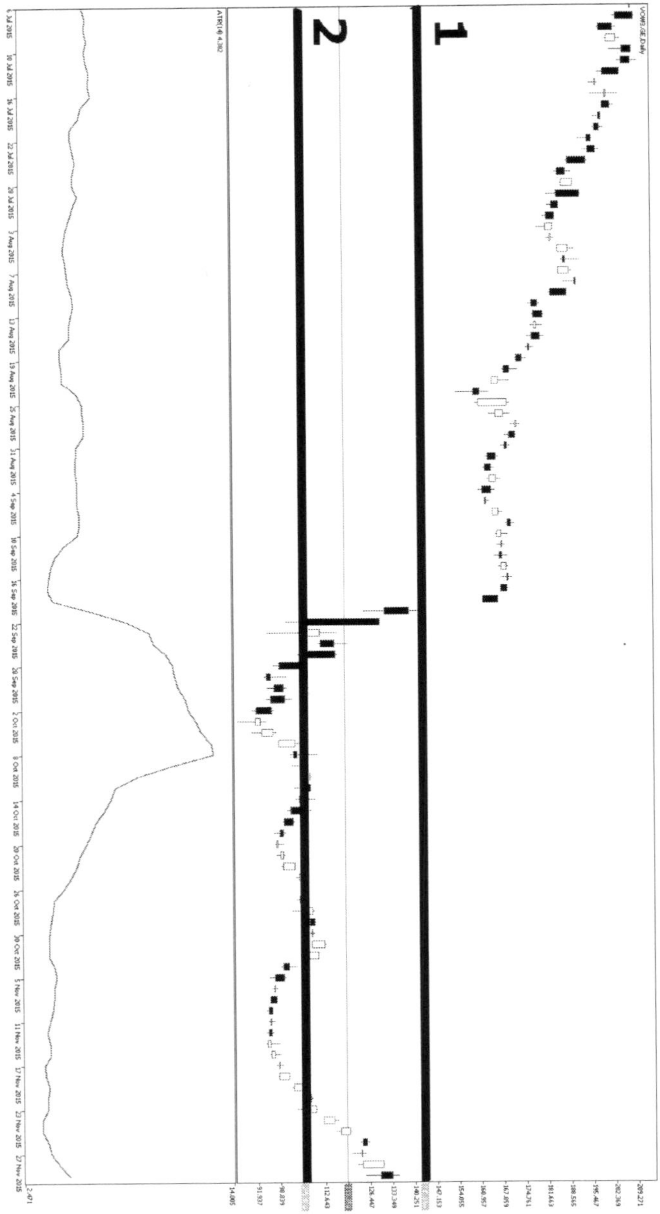

Abbildung 22: Kurs der VW Aktie um den 18.9.2015 beim Bekanntwerden des Abgas-Skandals

6.5 **Crash-Strategie**

Wenn Sie die Abbildung 22 betrachten, sehen Sie den Aktienkurs der VW-Aktie von Juli bis November 2015. Der Abgas-Skandal wurde am 18.9.2015 in den Medien bekannt. Vorher Betrug die ATR (die maximale Differenz zwischen Tageshöchstkurs und Tagestiefstkurs) ungefähr 5 Euro pro Tag. Der Algorithmus prüft dann, ob am aktuellen Handelstag die ATR um den Faktor 2 überschritten wurde. Sprich wenn die Aktie jetzt mehr als 2 x 5 Euro am Tag fällt oder steigt, wird zunächst eine Ausnahmesituation erkannt. Dieser Zeitpunkt ist gekennzeichnet durch Linie 1. Je nachdem, ob der Kurs steigt oder fällt, wird entsprechend eine Long- oder Short-Position eingegangen. Es wird automatisch die zweifache ATR als Stopp Loss gesetzt, um zu große Verluste zu vermeiden. Linie 2 der Abbildung kennzeichnet diesen Zeitpunkt, an dem die Position automatisch wieder geschlossen wird. Außerbörslich hätten Sie sogar noch viel höhere Gewinne erzielt. Diese Strategie ist in ihren Grundzügen sehr einfach, kann jedoch durch eine feinere Stopp Loss Bestimmung weiter verbessert werden. Trailing Stopps oder automatische Take Profits bieten sich hier an. Der hier gewählte Faktor zwei sollte je nach Markt und Volatilität ebenfalls angepasst werden.

7 | Erfolgreiches Trading

Nachdem Sie in den vorangegangenen Kapiteln die Grundlagen der Börse, der Chartanalyse und einige Beispielstrategien kennengelernt haben, komme ich jetzt zu den Grundprinzipien des erfolgreichen Tradings. Bevor Sie sich in den Handel stürzen, sollten Sie diese und die darauf folgenden "goldenen Regeln" verinnerlichen. Es sind diese Details, die einen Gewinner vom Verlierer unterscheiden, selbst wenn sie nicht unmittelbar mit dem Tradingfachwissen oder der Strategie zu tun haben.

7.1 Das Tradingtagebuch

Ein Tradingtagebuch ist ein Tagebuch oder eine Tabelle, in der Sie alle Ihre Trades festhalten. Erfolgreiches Trading erfordert eine gute Strategie und dass Sie sich an diese halten. Wichtig ist zu erkennen, dass auch bei der besten Trading-Strategie Verluste vorkommen. Wenn Ihr Handel Ihrer Strategie entsprochen hat, ist er trotzdem richtig gewesen. Das Tradingtagebuch hilft Ihnen, Ihre Trades auszuwerten, einzuordnen, Fehler zu erkennen, Ihre Strategie anzupassen und sich kontinuierlich zu verbessern. Gutes Trading ist jederzeit reproduzierbar und das können Sie mit Ihrem Tradingtagebuch festhalten und überprüfen. Außerdem ist dies auch eine gute Möglichkeit, sich mit Außenstehenden über die Trades auszutauschen.

Das Tradingtagebuch enthält dazu für jeden Trade zwei Komponenten. Zum einen die wichtigsten markttechnischen Fakten wie Kurse, Stopps, Trends, Indikatoren, Gründe für den Einstieg, Stop Limits usw. und zum anderen, halten Sie auch die psychologischen Aspekte fest. Wie haben Sie sich an diesem Tag gefühlt? Trauer, Wut, vorherige Verluste die Sie belasten, ein Hochgefühl, weil Sie gerade im Plus sind? Egal was es ist, schreiben Sie es in Ihr Tradingtagebuch.

Überlegen Sie sich ein eigenes Schema von Abkürzungen. So können Sie schneller die Daten eintragen und diese einfacher durchsuchen, falls Sie beispielsweise den Zusammenhang zwischen Ihrer Stimmungslage und Ihren Verlusten analysieren wollen. Achten Sie darauf, dass es Ihnen leicht fällt, das Tradingtagebuch zu führen, also schreiben Sie auch nicht zu viele Informationen auf. Lieber weniger Informationen festhalten, als am Ende gar keine, weil es zu aufwendig ist. Einige der Handelsplattformen können auch die Trades als Tabelle ausgeben. Diese können Sie auch als Grundlage für Ihr persönliches Tradingtagebuch nehmen. Alternativ tragen Sie den Handel bereits vor der Ausführung in Ihr Tradingtagebuch ein. Das hat den Vorteil, dass Sie alle Ihre Handlungen vorher nochmal überdenken und Trades im Affekt, aus Angst die große Bewegung zu verpassen, werden so vermieden. Neben Excel, gibt es hier auch spezielle Software, die Ihnen vielleicht mehr zusagt, beispielsweise: https://www.tradingdiarypro.com/

7.1.1 Die Inhalte des Tradingtagebuches

Folgende Punkte sollten Sie zu den Trades festhalten:

- Trade Nummer: eine fortlaufende Nummer oder die entsprechende ID aus Ihrem Handelsprogramm
- Datum
- L/S als Abkürzung für Long oder Short
- Grund für den Einstieg: Hier empfiehlt es sich, für die unterschiedlichen Einstiegssignale Ihrer Strategien Abkürzungen auszudenken, beispielsweise Trendbestätigungspunkt, falls Sie die Trendfolgestrategie umsetzen
- Trendphase: Befindet sich der Kurs gerade in der Bewegung oder der Korrektur? Finanzprodukt, DAX, DOW, Gold, VW Aktie usw., je nachdem, was Sie gehandelt haben
- Strategie, die dem Trade zugrunde lag
- Positionsgröße
- Einstiegskurs
- Ausstiegskurs
- Grund für den Ausstieg
- eventuelle Limits
- prozentualer Anteil / Risiko
- Stimmung: entweder auf einer Skala von 1-10 oder einfache Smilies

Wenn es Ihnen gelingt, diese Punkte regelmäßig für all Ihre

Trades festzuhalten, wird das Ihr Trading schon wesentlich verbessern.

7.2 Die Strategie

Erstellen Sie eine passende Strategie. Wählen Sie gegebenenfalls für unterschiedliche Märkte und Marktsituationen unterschiedliche Strategien. Testen Sie neue Strategien zunächst entweder auf einem Demokonto oder aber mit kleineren Positionsgrößen. Das Wichtigste an einer Strategie aber ist, dass Sie sich daran halten. Wenn Sie sich für eine Strategie entschieden haben, ist es aber trotzdem wichtig, auch andere Strategien zu kennen und deren mögliche Einstiegssignale im Auge zu behalten. Selbst wenn Sie beispielsweise Trendlinien nicht handeln, werden sie von vielen anderen Tradern gehandelt. Die besten Chancen haben Sie, wenn mehrere Einstiegssignale aus unterschiedlichen Strategien vorliegen, also wenn beispielsweise der Trendkanal durchbrochen wird, der Kurs gleichzeitig einen Trend bestätigt und vielleicht noch die gleitenden Durchschnitte sich kreuzen. Das klingt zunächst nach sehr viel, aber Sie können das Schritt für Schritt angehen, zunächst Ihre eigene Strategie und darauf aufbauend der Blick auf die Strategien anderer Trader.

7.3 Risikomanagement

Risikomanagement ist einer der wichtigsten Faktoren für erfolgreiches Daytrading. Risikomanagement bedeutet in Kürze, dass Sie Ihre Verluste begrenzen.

Das ist einer der wenigen Teile des Handelns, über den Sie

wirklich die volle Kontrolle haben. Sie können nicht beeinflussen, wie hoch ein Kurs steigt, aber Sie können festlegen, dass Sie nie mehr als einen festgelegten Betrag verlieren. Viele Tradingbücher und Strategien behandeln sehr ausführlich die Einstiege, aber diese sind nur die Hälfte eines Handels. Seneca sagte einst: "Wer nicht weiß, wohin er segeln will, dem ist kein Wind günstig." Dieses Ziel, wohin sie wollen, das ist der richtige Stop. Hoffentlich mit hohen Gewinnen, aber wenn nicht, dann wenigstens nur mit kleinen Verlusten.

Trading ohne Risikomanagement ist Glücksspiel. Auch beim Glücksspiel können Sie natürlich Gewinne erzielen, deshalb zieht es so viele Leute in Casinos. Aber jeder kennt wohl auch den Spruch, das Haus gewinnt immer. Ein typisches Beispiel ist Roulette: 18 rote und 18 schwarze Felder, dazu eine grüne Null. Es ist diese grüne Null, die den Unterschied macht, Sie könnten theoretisch auf Rot und Schwarz gleichzeitig setzen, Ihre Gewinnwahrscheinlichkeit liegt dann bei 97,3%. Klingt zunächst ganz gut, aber das bedeutet auch, dass Sie in einem von 37 Spielen alles verlieren werden. Auf lange Sicht kann das Spiel nicht geschlagen werden. Ähnlich entscheidet ein gutes Risikomanagement auf lange Sicht, ob Sie an der Börse gewinnen oder verlieren. Mit dem richtigen Risikomanagement werden Sie das Haus, das langfristig immer gewinnt.

Risikomanagement hilft Ihnen, Ihre Verluste und die maximalen Verluste zu beschränken, im Englischen auch Drawdown und max. Drawdown genannt. Ein Verlust ist der Betrag, den Sie während eines negativen Trades verlieren. Der maximale Verlust bezieht sich nicht auf einen Handel, sondern auf mehrere Verluste hintereinander.

Nehmen wir an, Sie haben eine Strategie, welche zu 80% richtig liegt, und Sie führen 100 Trades durch. 20 dieser Trades werden Sie also Geld kosten und Ihr Startkapital verringern. Jetzt wissen Sie aber vorher nicht, welche der 100 verlieren. Es könnte ja auch passieren, dass die ersten 20 Trades Verlust machen, aber die folgenden 80 Gewinne erzielen. Diese 20 multipliziert mit dem Verlust aus einem einzelnen Handel ergibt den maximalen Verlust einer Strategie. Jetzt wäre es doch ärgerlich, wenn nach diesen 20 Trades Ihr Kapital erschöpft wäre, kurz bevor die 80 Gewinntrades anstehen. Deshalb überwachen Sie konstant die prozentuale Gewinnrate Ihrer Strategie und passen Sie den Verlust pro Trade durch Stop Losses an.

Eine gute Empfehlung ist es, als Einsteiger maximal 0,5-2% des Gesamtkapitals pro Trade zu riskieren.

Rechenbeispiel:

Sie haben 10.000 Euro Kapital und wollen 20 Aktien zu einem Kurs von 100 Euro kaufen. 2% Risiko von 10.000 sind 200 Euro. Diese 200 Euro geteilt durch die 20 Aktien, ergibt einen maximal Verlust pro Aktie von 10 Euro. Sie würden also einen Stop Loss bei einem Kurs von 90 Euro setzen. Wenn Ihre Strategie den Stop Loss jedoch bei 80 Euro vorsieht, sollte die Strategie unbedingt eingehalten werden. In diesem Fall würden Sie die Positionsgröße verringern und weniger Aktien kaufen. Das Gleiche gilt für alle anderen Finanzprodukte. Es ist außerdem eine Grundregel beim erfolgreichen Trading, dass Kapitalerhalt immer Vorrang hat. Deshalb ist es grade für Einsteiger sinnvoll, weniger als diese 2% zu riskieren, eher 0,5% bis 1%.

Neben dem Begrenzen der Verluste können Sie auch Take Profits setzen. Dieser Punkt ist jedoch stark abhängig von Ihrer gewählten Strategie. Interessant ist hier das Gewinn/Verlust Verhältnis (Reward to Risk Ratio). Wenn Sie 10

Euro pro Aktie riskieren und einen Take Profit bei 20 Euro Gewinn setzen, haben Sie ein Gewinn/Verlust Verhältnis von 2 zu 1. Ihre Strategie wäre also selbst dann noch profitabel, wenn Sie mehr als die Hälfte aller Trades falsch liegen. Natürlich gilt es hier immer noch, die Brokerprovisionen und mögliche längere Verluststrecken zu beachten. Aber das Prinzip sollte klar sein, achten Sie auf eine gutes Gewinn/Verlust Verhältnis, das zu Ihrer Strategie passt. In den meisten Fällen sollte Ihr Gewinn mindestens das 1.5-fache des Verlustes betragen.

7.4 Position teilen

Die Positionen zu teilen, ist eine gute Möglichkeit, um Risiken zu minimieren. Dazu kaufen Sie beispielsweise nicht zwei DAX Kontrakte, sondern zwei mal einen. Dann können Sie, sobald Sie insgesamt mit beiden Positionen Break Even sind, eine schließen und Teilgewinne mitnehmen. Unabhängig davon, wie die zweite Position verläuft, haben Sie bereits gewonnen. Sie müssen auch nicht beide Positionen gleichzeitig eröffnen. Eröffnen Sie zunächst in der Korrektur nur eine Position und die andere, sobald der Trend bestätigt ist. Dies sehen Sie auch in dem Beispieltrade zur Trendfolgestrategie. So können Sie Ihr Risiko reduzieren. In den beiden genannten Situationen handeln Sie jeweils mit der gleichen Positionsgröße. Geteilte Positionen bieten auch die Möglichkeit, unterschiedliche Strategien in einem Markt zu handeln. Sie können eine kleinere Position langfristig handeln und ergänzend dazu, eine größere die Sie nur wenige Minuten halten.

7.5 Nachrichten

Bisher haben wir uns die technische Analyse mit der Chart-technik und den Indikatoren angesehen. Ein anderer Ansatz ist es, sich die Nachrichten anzusehen, auch Fundamental-analyse genannt. Häufig legen jedoch grade Anfänger zu viel Wert auf Nachrichten. Es gibt einige große Ereignisse, welche den Markt stark beeinflussen wie das BREXIT Votum oder als die Schweiz den Franken vom Euro entkoppelt hat. Es gibt auch immer wieder Fälle, wo Nachrichten über Terror-anschläge, Kriege, politische Ereignisse, EZB-Sitzungen, Arbeitsmarktzahlen usw. für große Kursschwankungen sorgen. Diese markttechnisch gesehenen Großereignisse sollten Sie im Auge behalten.

Ansonsten sind keine weiteren Börsen-Spezialnachrichten notwendig. Im Gegenteil, wenn die Börsenzeitungen über die Tops und Flops der Aktien berichten, haben Sie in der Regel die große Bewegung bereits verpasst. Damit sind diese für Daytrader weitestgehend uninteressant. Letztendlich sind alle Nachrichten immer und zu jeder Zeit im aktuellen Kurs enthalten, inklusive aller unvorhersehbaren Reaktionen der Markteilnehmer. So kann es vorkommen, dass gute Quartalszahlen einer Aktie mit einem kräftigen Kursrutsch nach unten belohnt werden, nur weil die Analysten vorher noch höhere Gewinne ankündigten und die Anleger daher noch bessere Zahlen erwarteten und deshalb enttäuscht verkaufen. Wenn Sie sich auf solide Strategien wie die Trendfolge verlassen, spielen die meisten dieser Nachrichten kaum eine Rolle für Sie. Merken Sie sich zu den Nachrichten den folgenden Ansatz: Wenn die Kurse nach guten Nachrichten nicht mehr weiter steigen, verkaufen Sie. Sollte auf schlechte Nachrichten kein weiterer Preisverfall erfolgen, kaufen Sie.

7.6 Overnight-Positionen und Kurslücken

Overnight-Positionen sind Positionen, die Sie über Nacht offen halten. Sie sind aus zwei Gründen besonders. Zum einen zahlen Sie bei gehebelten Finanzprodukten nur einen Teil des Betrages Ihrer Position ein, somit ist das restliche Geld vom Broker geliehen. Für dieses zahlen Sie Zinsen. Diese Zinsen werden auch als Swap bezeichnet und erscheinen automatisch in Ihrem Handelsprogramm. Die Formel für die Berechnung ist wie folgt: ((3 % + EONIA) / 365) x Haltedauer x Positionsgröße. Die 3% können je nach gewähltem Broker anders sein und der EONIA (Euro OverNight Index Average) ist der Zinssatz für unbesicherte Geldkredite im Euroraum, der von der Europäischen Zentralbank vorgegeben wird.

Beispielrechnung:

Sie haben 1.000 Aktien CFDs im Wert von 10 Euro gekauft, also eine gesamte Positionsgröße von 10.000 Euro. Der EONIA beträgt 1%. Dann betragen die Kosten pro Nacht: ((3% + 1%) / 365) x 1 x 10.000. Das ergibt 1,09 Euro pro Nacht.

Die Swap Kosten fallen nur für Long-Positionen an, wenn Sie Short positioniert sind, fallen diese Gebühren nicht an.

Die zweite Besonderheit bei Overnight-Positionen sind Kurslücken oder auch nach dem englischen Begriff Gaps genannt, die insbesondere bei Börseneröffnung auftreten können. Schließt der DAX beispielsweise am Vortag bei 10.000 Punkten, kann es passieren, dass er am nächsten Morgen bei 9.800 Punkten wieder eröffnet. Wenn Sie dann über Nacht Long positioniert waren, hätte Sie ein Minus von 200 Punkten. Derartige Kurslücken sind grade bei den Indizes nicht ungewöhnlich, da auch außerhalb der Börsenöffnungszeiten weiter gehandelt wird und Nachrichten erscheinen. Je nach Angebot und Nachfrage wird dann ein neuer Eröffnungskurs gestellt. Wichtig ist, dass Sie sich der Risiken dieser Kurslücken bewusst sind. Sie bieten zwar auch große Chancen, da ein eindeutiger Aufwärtstrend vom Vorabend oft zu einem höheren Kurs am nächsten Morgen eröffnet. Aber wenn Sie falsch positioniert waren, helfen Ihnen auch keine Stop Losses. Im Gegenteil, nehmen wir an, der DAX schließt bei 10.000 und Sie haben einen Stop Loss bei 9.980 Punkten. Wenn dann der Eröffnungskurs bei 9.800 Punkten liegt, wird die Position sofort geschlossen, jedoch als Market Order, also zum aktuell besten Preis. Sie hätten also einen Verlust von 200 Punkten anstelle der -20 Punkte, die Sie als Stop angegeben hatten. Oft schließen sich diese Kurslücken relativ schnell auch wieder. Wenn der Kurs danach also wieder auf 10.000 steigt, sind Sie schon lange ausgestoppt.

In dieser Situation kann auch die Nachschusspflicht ins Spiel kommen. Wenn während der Handelszeiten Ihr Handelskonto nicht ausreichend Kapital hat, um die geforderte Margin zu hinterlegen, wird Ihre Position automatisch geschlossen. Sie können nicht mehr verlieren, als Sie eingesetzt haben. Bei Kurslücken ist dies anders. Wenn Sie Short positioniert waren und aufgrund einer positiven Nachricht steigt die Aktie außerbörslich stark an, kann es passieren, dass Sie am nächsten Tag nicht nur alles verloren haben, sondern auch noch nachzahlen müssen. Sie können in diesem Fall also mehr verlieren, als Sie auf dem Handelskonto haben. Die Nachschusspflicht ist in den AGB Ihres Brokers geregelt.

Eine lehrreiche Geschichte dazu ist die von dem Trader Joe Campbell. Dieser war bei dem Pharmaunternehmen Kalobios Short gegangen, nachdem dieses wenige Tage zuvor die Insolvenz bekannt gab und deren Aktien nur noch bei 2$ standen. Er verkaufte 8.400 Aktien leer und hielt die Position über

Nacht, weil er darauf spekulierte, dass der Kurs weiter fallen würde und er die Aktien zu einem späteren Zeitpunkt viel günstiger nachkaufen könne. Doch am nächsten Morgen der große Schock. Sein Konto war mit über 100.000$ im Minus. Was war passiert? Über Nacht kaufte eine Investorengruppe 1.2 Millionen Aktien und trieben damit den Aktienpreis auf über 18$, ein Anstieg von über 800%. Joe war jetzt gezwungen, seine Position auszugleichen und die Aktien zu diesem Preis zu kaufen, ein Verlust von 140.000$. Die wohl teuerste Nacht seines Lebens. Während Short Positionen von Aktien begrenzt sind, eine Aktie kann nicht unter 0 Euro Kurswert fallen, sind Long Positionen dagegen theoretisch unbegrenzt. Wenn es zu derart extremen Kursschwankungen kommt, werden die einen reich, die anderen gehen Pleite. Das Ende der Geschichte war, dass Joe auf einer Crowdfunding Plattform im Internet um 5.000$ neues Startkapital für sein Trading bat und diese sogar erhielt. Er arbeitet jetzt daran, die Schulden abzuzahlen, und tradet fleißig weiter.

Sehen Sie sich das Marktverhalten eine Weile an und verzichten Sie zunächst auf größere Overnight-Positionen in sehr volatilen Märkten. Vermeiden Sie insbesondere Overnight-Short-Positionen. Wenn Sie mehr Erfahrungen gesammelt haben, oder mit kleinen Positionsgrößen eine langfristige Strategie handeln, kann es aber durchaus sinnvoll sein, Positionen auch über Nacht zu halten.

7.7 Psychologie

Die Psychologie ist gerade für Trader sehr wichtig. Die geistige Haltung ist die Ursache dafür, dass viele Trader an der Börse verlieren. Selbst die beste Strategie hilft nicht, wenn Sie sich nicht daran halten. Deshalb soll Ihnen der folgende Abschnitt Denkanstöße zur psychologischen Seite des Daytradings vermitteln.

7.7.1 Die Erwartungshaltung

Machen Sie sich zunächst klar, was Sie vom Traden erwarten und ob das realistisch ist. Immer wieder gibt es Webseiten und Handelssysteme, die Ihnen praktisch ohne Arbeit mehrere hundert Prozent Rendite in kürzester Zeit versprechen. Das ist nicht realistisch. Vergessen Sie den Mythos vom schnellen Reichtum an der Börse. Traden ist Arbeit und erfordert Einarbeitungszeit, Fachwissen, Disziplin, Motivation und Durchhaltevermögen. Wenn Sie dazu bereit sind, können Sie als Daytrader gutes Geld verdienen. Aber auch hier gleich vorweg: Als Mindest-Startkapital sind 100 Euro ausreichend, aber wenn Sie sich an das Risikomanagement halten, sollte Ihnen auch klar sein, dass Sie aus 100 Euro nicht in kurzer Zeit ein Vermögen aufbauen werden. Realistische Renditen liegen bei institutionellen Tradern bei ca. 20% im Jahr. Diese handeln natürlich auch konservativer als die meisten privaten Anleger. Aber selbst als sehr guter privater Trader sind die 20% erstmal eine gute Hausnummer. Bedenken Sie auch, dass die Brokergebühren und Steuern Ihren Gewinn mindern.

7.7.2 Charaktereigenschaften

Folgende Charaktereigenschaften sind für Daytrader förderlich:

- Disziplin

- Motivation

- Lernbereitschaft

- Durchhaltevermögen

- Ehrgeiz

- Risikobereitschaft

- emotionale Ausgeglichenheit

- eine selbstkritische Haltung bei der Auswertung der eigenen Ergebnisse

Das sind alles Charaktereigenschaften, welche Sie überall im Leben voranbringen werden. Von daher kann Daytrading eine gute Übung zur Persönlichkeitsentwicklung sein.

7.7.3 Umgang mit Gewinnen

Zunächst ist es natürlich gut, wenn Sie Gewinne erzielen. Sie werden dieses Gefühl lieben, dass Sie praktisch von zu Hause aus, völlig frei und selbstverantwortlich nur durch ein paar Klicks Geld verdient haben. Aber auch bei einem Gewinn sollten Sie hinterfragen, ob er der Strategie entsprochen hat und ob Sie richtig gehandelt haben.

Andernfalls wird langfristig dieser kleine Gewinn, Ihre gesamte Trading-Disziplin schwächen. Wenn es einmal ohne Strategie geklappt hat, warum nicht auch ein zweites Mal? Dieser Gedanke ist oft der Anfang vom Ende Ihres Handelskontos.

Vermeiden Sie auch Gier. Kaufen Sie nicht blind nach, nur weil eine Position im Plus ist und erhöhen Sie nicht die Positionsgröße. Ärgern Sie sich nicht, wenn eine Position weiter im Plus ist und Sie vielleicht zu früh verkauft haben. Seien Sie dankbar für das, was Sie haben, und stolz auf sich, wenn es ein guter Trade gemäß Ihrer Strategie war. Gönnen Sie sich nach einigen guten Trades eine Belohnung oder machen Sie eine Pause.

Ein weiterer Tipp, um Gier zu vermeiden, ist es, konkrete Ziele zu haben. Setzen Sie sich ein Ziel wie 6.000 Euro im Monat. Das bedeutet bei 20 Handelstagen, 300 Euro pro Tag. Natürlich sollten Sie Gewinne laufen lassen, und es kommen auch Verlusttage, aber anhand dieses Zieles können Sie jederzeit bestimmen, wo Sie derzeit stehen und ob Sie dabei sind, Ihre Ziele zu erreichen.

7.7.4 Umgang mit Verlusten

Gewinnen kann man, verlieren muss man. Ein Verlust ist aber nur dann ein Fehler, wenn Sie sich entweder nicht an Ihre Strategie gehalten haben oder aber nichts daraus lernen. Keine Strategie ist perfekt und auch kein Trader. Selbst langjährigen, sehr erfahrenen Tradern passieren Fehler, über die sie sich ärgern.

Aber hier ist es wie mit dem Finger, den wir als Kind in die Flamme einer Kerze gehalten haben. Die erste Sekunde tut es nicht weh, aber wenn wir den Finger zu lange in der Flamme lassen, werden wir uns verbrennen. Das gleiche trifft auf Fehler zu. Wenn wir den Fehler machen, unsere Lektion daraus lernen und dann damit abschließen, ist alles halb so schlimm. In dem Moment, wo wir einen Fehler zulange mit uns herumtragen und unser weiteres Trading beeinflussen lassen, indem wir die Positionsgröße erhöhen, um die Verluste aufzuholen oder ähnliches, erst dann wird es uns am Ende wirklich weh tun.

Sollten Sie mehrere Verluste in Folge erlitten haben, nehmen Sie sich eine Auszeit und analysieren Sie ausführlich, was passiert ist und was Sie besser machen können. Fragen Sie gegebenenfalls auch andere um Rat, wie sie das sehen. Setzen Sie Ihren Handel erst wieder fort, wenn Sie mit dem Fehler und den Verlusten abgeschlossen haben. Bedenken Sie immer: Morgen ist auch noch ein Tag. Sie werden genug Chancen haben.

7.7.5 Ihre Stimmung

"Das Wichtigste für einen Investor ist nicht der Intellekt sondern das Temperament. Dein Temperament sollte so sein, dass Du weder große Freude empfindest, wenn Du mit der Masse läufst, und ebenso wenig, wenn Du gegen den Strom schwimmst." (Warren Buffet) Die Stimmung ist ein besonders heikler Punkt. Es gibt Trader, die handeln, wenn sie emotional durch andere Probleme belastet sind, in der Hoffnung, dass ein Gewinn ihnen kurzfristiges Glück verschafft. Aber in dieser Stimmung arbeitet ihr Kopf nicht klar, häufig entstehen so Verluste. Diese werden Sie am Ende nur noch weiter herunterziehen. Deshalb sollten Sie, wenn Sie emotional angespannt sind oder andere Dinge Sie belasten, nicht traden. Das Gleiche gilt übrigens auch für zu viel Euphorie.

Am besten handelt man mit einem klaren Kopf, frei von ablenkenden Gedanken und zu starken Gefühlen.

7.7.6 Der Bezug zum Geld

Das eingesetzte Kapital ist Ihr Werkzeug. Ähnlich wie beim Maurer die Kelle und beim Busfahrer der Bus. Bewahren Sie also die notwendige emotionale Distanz. Dies fällt in der Regel leichter, wenn Sie mit niedrigeren Beträgen anfangen.

Wenn Sie Geld riskieren, das Sie auf keinen Fall verlieren dürfen, erhöht das Ihren Stresspegel und vermindert die Fähigkeit, objektive Entscheidungen zu treffen.

Vermeiden Sie auch jegliche Form des Umrechnens. Wenn eine Position 100 Euro im Minus ist, dann wäre das ein schönes Essen, und für 1.000 kriegen Sie vielleicht auch einen Urlaub. Aber diese Art zu denken hilft Ihnen nicht weiter. Ein Teil des Arbeitsmaterials ist verbraucht, wo gehobelt wird, da fallen Späne, passen Sie nur auf, dass am Ende noch Holz übrig bleibt.

7.7.7 Suchtgefahr

Traden kann süchtig machen, zu Risiken und Nebenwirkungen fragen Sie Ihren Arzt oder Apotheker. Viel mehr gibt es dazu an dieser Stelle auch gar nicht zu sagen. Eine Sucht kommt von dem Wort "suchen", Menschen die kein stabiles soziales Umfeld haben oder von sich aus eine innere Leere im Leben empfinden, sind besonders anfällig. Der Rausch des schnellen Geldes, das Glücksgefühl nach einem Gewinn, der Adrenalinspiegel, wenn der Kurs immer weiter steigt. Für viele ist Traden auch ein Wechselbad der Gefühle und hier besteht durchaus eine Suchtgefahr. Jedoch führt dieses Thema hier zu weit, von daher nur der Hinweis: Übertreiben Sie es nicht. Sie werden selbst am besten merken, wenn das der Fall ist, und sollten dann entsprechende Hilfe suchen.

7.7.8 Pausen

Gerade beim Trading sind Pausen extrem wichtig. Nach einem Verlust, nach einer emotionalen Phase, manchmal auch nach Gewinnen, um diese zu behalten. Machen Sie öfters Pausen, Chancen wird es auch morgen noch geben, und solange Sie Geld auf dem Handelskonto haben, können Sie diese wahrnehmen. Sollten Sie in einem hitzigen Moment alles verspielen, ist es schwer, sich von diesem Rückschlag zu erholen.

7.7.9 Disziplin

Disziplin und das strikte befolgen der Strategie sind Schlüsselfaktoren für den Erfolg. Eine Möglichkeit Ihre Disziplin zu trainieren und zu viel Trading zu vermeiden, ist es: Machen Sie genau einen Trade am Tag. Egal was passiert, egal wieviele Einstiege Sie sehen, Sie traden nur genau einmal am Tag. Dadurch werden zwei Dinge passieren, zum einen werden Sie Ihre Disziplin trainieren, indem Sie sich daran halten und zum anderen werden Sie diesen einen Trade so gut wie möglich machen. Sie lernen auf diese Weise, auf die wirklich guten Chancen zu warten und auch die Märkte mal nur zu beobachten. Sie begrenzen gleichzeitig mögliche Verluste in so einer Phase, wenn sie noch keine passende Strategie gefunden haben.

7.8 Tradingroutinen

Die folgenden Checklisten können Sie vor und nach jedem Trade durchgehen.

7.8.1 Vor dem Trade

- zeichnen Sie mögliche Widerstände und Unterstützungen ein

- prüfen Sie, ob wichtige Ereignisse am Handelstag anstehen, welche Einfluss auf den Markt haben

- prüfen Sie vor dem Einstieg die verschiedenen Zeiteinheiten auf mögliche weitere Handelssignale

- finden Sie die lokalen Hoch- und Tiefpunkte

- prüfen Sie, in welcher Phase eines Trends Sie sind (Bewegung oder Korrektur) und in welche Richtung der Trend geht

- prüfen Sie auf Einstiegssignale anhand Ihrer Strategie

- definieren Sie Stop Losses anhand Ihrer Strategie

- definieren Sie Gewinnmitnahmen oder andere Ereignisse im Vorfeld

- eröffnen Sie die Position

7.8.2 Nach dem Trade

- kurze Analyse des Trades, ob Sie Ihre Strategie eingehalten haben und was Sie ggf. besser machen können

- Fazit aus dem Trade für künftige Trades ziehen

- kurze Pause

8 | Die goldenen Regeln des Tradens

8.1 Erstellen Sie einen Trading Plan

Ohne Plan und Strategie betreiben Sie nur Glücksspiel. Professionelles Trading erfordert, dass Sie wissen, was Sie tun und was Sie tun wollen.

8.2 Führen Sie ein Tradingtagebuch

Was das ist, haben Sie ja bereits kennengelernt.

8.3 Kapitalerhalt hat Vorrang

Eine der wichtigsten Regeln für Erfolg an der Börse. Gerade Anfänger, die das erste Mal an der Börse handeln, haben das Gefühl, ständig den Markt kontrollieren zu müssen und wollen ständig investiert sein, um ja keine Chance zu verpassen. Aber Chancen gibt es mehr als genug. Wenn der Markt gerade in einer Seitwärtsbewegung ist, befassen Sie sich mit etwas anderem. Jeder Verlusttrade verringert Ihr Kapital und wenn Sie sich an das Risikomanagement halten, können Sie im nächsten Trade nur noch weniger einsetzen. Sie verlieren also auch Ihr Arbeitsmaterial. Also vermeiden Sie zu viele Trades, vermeiden Sie es, ständig investiert zu sein, und reduzieren Sie mögliche Verluste durch ein entsprechendes Risikomanagement. Ein schlechter Trade, den Sie nicht eingegangen sind, entspricht einem Plus auf Ihrem Handelskonto.

8.4 Weniger ist manchmal mehr

Machen Sie nicht zu viele Trades und beobachten Sie nicht ständig den Markt. Es gibt keinen Zusammenhang zwischen Handelsdauer und Gewinn. Warten Sie auf die richtige Situation, es wird genügend davon geben, sodass es auch kein Problem ist, wenn Sie eine Weile Abstand nehmen. Ein häufiger Fehler ist es, nachdem man ausgestoppt wurde, sofort einen Trade in die Gegenrichtung zu platzieren und ständig im Markt aktiv zu sein.

Denken Sie hier nochmal an die vorherige Regel, Kapitalerhalt hat Vorrang. Lieber nur einen Trade am Tag mit Gewinn als 50 und am Ende Verlust. Hier könnte man auch das Pareto-Prinzip anwenden, 20% der Trades führen zu 80% des Gewinns. Die anderen 80% sollten Sie von daher am besten weglassen.

Eine gute Methode für Einsteiger ist es, sich zunächst immer nur in eine Richtung zu positionieren. Also konzentrieren

Sie sich zunächst nur auf die Richtung des Haupttrends. In einem Aufwärtstrend auf Tages- oder Wochenbasis traden Sie zunächst nur Long. Versuchen Sie am Anfang nicht, in beide Richtungen zu profitieren. Ein weiterer Hinweis hier nochmals, vermeiden Sie Kurse, die sich seitwärts bewegen. Diese verleiten förmlich dazu, oft die Richtung zu wechseln, und die Schwankungen sind gerade für Einsteiger schwer zu handeln.

Eröffnen Sie keine Position, wenn Ihr Handelssignal nicht eindeutig ist oder aber Sie bei Positionseröffnung zu unsicher sind. Warten Sie auf eine bessere Chance und auf gar keinen Fall handeln Sie in die entgegengesetzte Richtung.

8.5 Betrachten Sie nicht nur eine Zeiteinheit

Bevor Sie einen Trade eingehen, betrachten Sie den Chart nicht nur in der aktuellen Zeiteinheit, sondern in mehreren. Im aktuellen 15 Minuten Chart mag ein Aufwärtstrend deutlich sichtbar sein, wohingegen der gleiche Kurs im Tageschart zeigt, dass es sich lediglich um eine Korrektur in einem längerfristigen Abwärtstrend handelt. Passen Sie Ihre Haltedauer und die Stops/Take Profits entsprechend an. Im Idealfall maximieren Sie daher das jeweilige Chartfenster in der Handelssoftware, das verschafft Ihnen einen besseren Überblick. Weiterhin gilt es zu beachten, dass die größeren Volumen an der Börse durch institutionelle Anleger beispielsweise auf höheren Zeiteinheiten gehandelt werden. Beachten Sie also insbesondere auch Tageslinien und Signale auf dem Tageschart. Tageslinien meinen dabei den Eröffnungs- bzw. Schlusskurs des Vortages.

8.6 Handeln Sie in liquiden Märkten

Liquide Märkte bedeutet, dass es möglichst oft zu einer Kursstellung kommt, da durchgehend Transaktionen durchgeführt werden. Dies ist nicht zu verwechseln mit volatilen Märkten, welche großen Kursschwankungen unterliegen. In liquiden Märkten haben Sie in der Regel geringere Handelsgebühren. Außerdem werden Ihre Market/Stop-Ordern auch nahe dem aktuellen Kurs ausgeführt. In sehr illiquiden Märkten kann es hier zu erheblichen Kursschwankungen aufgrund fehlender Liquidität kommen. Für Daytrader ist das nicht geeignet. Im Forex Bereich sind es die Majors, ansonsten alle großen Indizes wie der DAX und der DOW. Alle in den großen Indizes gelistete Aktien zählen auch dazu. Das Ordervolumen oder Time and Sales Charts können Sie sich in den meisten Handelsprogrammen anzeigen lassen und so die Liquidität einschätzen. Beachten Sie auch, dass die größte Liquidität vorliegt, wenn sich die Öffnungszeiten der großen Börsen überschneiden.

8.7 Vermeiden Sie die Market Order

Als Neuling an der Börse sollten Sie Market Ordern vermeiden. Diese sind die Ursache der meisten impulsiven und spontanen Trades. Nehmen Sie stattdessen die Limit- oder Stop Buy Order und setzen Sie entsprechende Stop Ordern gleich dazu. Passen Sie diese konkret an Ihre Strategie an, legen Sie Einstieg und Stopps vorher fest und bleiben Sie auch dabei. Das hilft Ihnen, Ihre Emotionen während des Tradens zu kontrollieren.

Sie können beispielsweise am Morgen den Chart analysieren, die wichtigsten Punkte und Trendlinien einzeichnen und dann die entsprechenden Ordern für den Tag platzieren. Wenn der Kurs über 100 Euro steigt, soll automatisch gekauft werden mit einem Stop Loss von 90 Euro. Sollte der Kurs jedoch auf unter 90 Fallen gehen Sie Short mit einem Stop Loss von 100. So stellen Sie sicher, dass Sie Ihre Strategie einhalten.

8.8 Setzen Sie immer einen Stop Loss

Stop Loss Limits begrenzen Ihre Verluste. Wenn sich in kurzfristigen Zeiteinheiten kein Stop finden lässt, suchen Sie passende Stop-Kurse auf höheren Zeiteinheiten. Widerstände, Unterstützungen oder Trendwenden eigenen sich gut.

8.9 Handeln Sie eine feste Positionsgröße

Einer der häufigsten Einsteigerfehler ist, die Größe der gehandelten Position zu verändern. Sie handeln einmal 0,5 DAX-Kontrakte und am nächsten Tag 2, den einen Tag 10 Aktien, den nächsten Tag 50 der gleichen Firma.

Zunächst sei noch einmal gesagt, bestimmen Sie Ihre Positionsgröße anhand des Risikomanagements und Ihrer Strategie. Riskieren Sie soviel, wie Sie sich leisten können und genauso wichtig, wählen Sie einen Betrag, mit dem Sie sich wohl fühlen. Wenn Ihre Strategie größere Schwankungen einplant, wählen Sie auch entsprechend kleinere Positionen. Aber innerhalb einer Strategie und eines Marktes, sollten Sie bei einer Positionsgröße bleiben.

Häufig traden Anfänger, wenn sie sich besonders sicher sind oder weil sie Verluste ausgleichen wollen, größere Positionen. Dies ist einer der sichersten Wege, das Tradingkonto zu leeren. Nehmen wir an, Sie lagen richtig und der Trade wirft einen großen Profit ab, denken Sie es wird Ihnen leicht fallen, danach wieder die kleineren Positionen und die kleinen Profite zu traden? Die Erfahrung zeigt, dass dem nicht so ist. Sie werden bei den größeren Positionen bleiben - und ohne richtiges Risikomanagement früher oder später beim ersten Verlust wird Ihr Handelskonto große Rückschläge erleiden.

Ein weiteres Szenario ist mindestens genauso häufig, viele Trader erzielen konstant gute kleine Gewinne, nur um dann mit einem größeren Trade wieder alles zu verlieren. Sie müssen dann noch einen großen Trade riskieren, nur um den vorherigen wieder hereinzuholen und so weiter. Selbst wenn Sie aus Vorsicht nach einem Verlusttrade die Positionsgröße reduzieren, nur um nicht nochmal so viel zu verlieren, hat dies den Effekt, das Sie eventuell diesmal richtig lagen, aber nicht so viel Gewinn erzielen, wie Sie vorher verloren haben. Sie sehen sicher schon, wohin das führt. Wechselnde Positionsgrößen sind in den allermeisten Fällen der Untergang.

Traden Sie solange mit einer festgelegten Positionsgröße, bis Ihr Risikomanagement eine Erhöhung zulässt und Sie mindestens 100 Trades oder einen längeren Zeitraum mit der aktuellen Positionsgröße Erfolg hatten. Dieser Zeitraum muss lange genug sein, um auszuschließen, dass Sie nur eine Glücksphase in Ihrer Strategie hatten.

8.10 Analysieren Sie Ihre Fehler

Gehen Sie regelmäßig Ihr Tradingtagebuch durch und finden Sie Muster. Insbesondere achten Sie darauf, wann und in welchen Situationen Sie Verluste machen und notieren Sie sich die Ursachen in einer Fehlerliste. Gehen Sie diese Liste vor einem neuen Handelstag durch und nehmen Sie sich vor, diese zu vermeiden. Machen Sie diese Analyse und Vermeidungsstrategie zu einer täglichen Routine, um Ihr Trading konstant zu verbessern.

8.11 Die richtige Handelszeit

Vermeiden Sie als Einsteiger größere Overnight-Positionen, insbesondere Short-Positionen auf sehr volatile Finanzprodukte, um keine Nachzahlungen zu riskieren. Bevorzugen Sie den Handel tagsüber und innerhalb eines Tages insbesondere bei sehr volatilen Produkten. Vermeiden Sie außerdem die Börseneröffnung und den Börsenschluss. Zu diesen Zeiten treten oft sehr große Schwankungen auf, die nur schwer vorherzusagen sind. Für Scalper ist dies eine sehr gute Zeit, aber die meisten Trader sollten diese Zeiträume als Einsteiger meiden. Beachten Sie hierbei auch wieder die Überschneidungen der Öffnungszeiten mit den anderen großen Börsen der Welt.

Als letzter Hinweis zur richtigen Handelszeit noch: auch Börsianer müssen essen, vor der Öffnung der US Märkte ist in Deutschland meist Mittagspause, genauso wie Freitag Abend rechtzeitig Feierabend gemacht wird. Zu diesen Zeiten ist das Volumen oft deutlich niedriger und Kurse bewegen sich seitwärts.

8.12 Handeln Sie nicht zu viele Märkte gleichzeitig

Konzentrieren Sie sich als Einsteiger zunächst auf zwei oder drei Märkte maximal. Gerade Einsteiger machen häufig den Fehler, alles gleichzeitig handeln zu wollen und begründen das dann mit "Diversifikation des Portfolios" oder damit, dass sie sonst ja Chancen verpassen. Jedoch gibt es in fast jedem Markt genügend Handelschancen, wenn er nur liquide genug ist und zum Diversifizieren sagte Warren Buffet einst: "Diversifizieren ist ein Schutz gegen Unwissen. Es macht wenig Sinn für diejenigen, die Bescheid wissen.".

8.13 Erstellen Sie Ihre eigenen Regeln

Die vorherigen Regeln sind nicht vollständig, da es immer auch eine persönliche Sache ist, wie Sie an die Börse herangehen und wie Sie sich am wohlsten fühlen.

Wenn Ihnen in Ihren Analysen Muster auffallen, ergänzen Sie deshalb Ihre eigenen Regeln.

Lesen Sie die "goldenen Regeln" vor jedem einzelnen Handelstag, immer und immer wieder. Lesen Sie Ihren Tradingplan und Ihre eigene Strategie regelmäßig. Prüfen Sie, ob Sie sich jeden Tag und bei jedem einzelnen Trade daran halten. Daytrading ist kein Sprint, sondern ein Marathon, mit jeder Regel können Sie Ihre langfristigen Ergebnisse nachhaltig verbessern. Stück für Stück zum erfolgreichen Trader.

9 | Der Tradingplan

Stellen Sie sich vor, Sie rufen bei dem Geschäftsführer einer Firma an und fragen ihn, wie es denn so läuft und was seine nächsten Schritte sind. Sie würden doch von jedem ordentlichen Geschäftsführer erwarten können, dass er neue Produkte, Absatzzahlen, Visionen und Ziele der Firma, mögliche hohe Ausgaben, mögliche neue Kunden usw. zumindest grob benennen kann. Jedes erfolgreiche Geschäft benötigt einen Plan und jemanden, der diesen Plan umsetzt. Viele Trader können derartige Fragen für sich jedoch nicht beantworten. Sie starten am Markt und lassen sich vom Marktgeschehen lenken. So funktioniert aber kein nachhaltiges Geschäft.

Der Tradingplan ist wie der Businessplan bei einem Unternehmen. Es ist Ihr persönlicher Plan, anhand dessen Sie Ihren Erfolg, Ihre Erwartungen, Ihre Strategie, das Risikomanagement und Ihre persönlichen Ziele definieren. Messen Sie sich nicht an anderen, sondern versuchen Sie morgen ein Stück besser zu sein, als Sie es gestern waren, und messen Sie sich an dem, was Sie sich selbst vorgenommen haben. Ebenfalls können Sie den Markt nicht beeinflussen, also nehmen Sie in Ihren Tradingplan nur Inhalte auf, welche Sie auch beeinflussen können. Ihnen wird hier auch kein kompletter

Tradingplan vorgegeben. Letztendlich ist jeder Trader unterschiedlich, hat seine individuellen Stärken, Schwächen und Ziele, aber über die folgenden Punkte können Sie in Ihrem Plan nachdenken.

9.1 Ihre Motivation

Halten Sie zunächst direkt am Anfang das Warum fest. Warum wollen Sie Trader werden? Was versprechen Sie sich davon? Welche Belohnungen werden Sie sich vielleicht auch gönnen? In schweren Zeiten, nach Verlusten oder Zweifeln lesen Sie Ihr Warum nach. Solange das noch aktuell ist, traden Sie diszipliniert weiter.

9.2 Ihre persönlichen Ziele

Anders als die Motivation sollten Ziele konkret messbar sein. Sie wollen 10.000 Euro im Monat verdienen. Sie wollen 10% Rendite im Jahr. Sie wollen sich einen neuen Porsche kaufen. Sie wollen in einem Jahr Ihren Job kündigen. Egal was es ist, es muss konkret und messbar sein. Im Idealfall setzen Sie sich dann noch realistische Ziele. So vermeiden Sie Frust über nicht erreichte Ziele, aber versuchen Sie trotzdem immer auch wirklich an Ihre Leistungsgrenze zu gehen, um das bestmögliche Ergebnis zu erzielen. Nur eine Tätigkeit, die Sie zu 100% mit ganzem Herzen probiert haben, wird Sie auf Dauer erfüllen. Finden Sie hier einen guten Kompromiss aus „groß genug, um lohnenswert zu sein", und dennoch „realistisch".

9.3 Die Zeit

Der Zeitplan umfasst drei Komponenten. Zum einen, wie lange Sie am Tag traden, auf welchem Zeitrahmen Sie handeln und zu welcher Zeit Sie bevorzugt handeln.

Das Daytrading bringt viele Freiheiten mit sich, aber auch viele Entscheidungen, die Sie treffen müssen. Je nachdem, wie Sie diese Fragen für sich beantworten, traden Sie eher kurzfristig oder langfristiger, europäische Aktien, US-Aktien oder die asiatischen Märkte. Definieren Sie in Ihrem Tradingplan also, auf welchem Zeitrahmen Sie handeln. H1 ist für Anfänger empfehlenswert.

Definieren Sie außerdem, zu welchen Zeiten Sie handeln wollen und wie lange Sie Trades durchschnittlich halten. Die vorgestellten Strategien können auf mehreren Zeitebenen gehandelt werden. Jedoch führt eine kleinere Zeiteinheit immer auch zu mehr Signalen und mehr Trades. Dafür reduziert sich aufgrund engerer Stopp Loss Limits automatisch das Risiko für einzelne Positionen. Einige Trader kommen mental besser damit klar, andere wiederum haben genug Geduld, auch einfach einmal ein paar Tage abzuwarten, bis ihre Position wieder ins Plus läuft. Dies ist ein Lernprozess, den jeder Tradingeinsteiger durchlaufen muss.

9.4 Ihr Risikokapital

Risikokapital meint in diesem Zusammenhang nicht nur das einmalige Startkapital, sondern, welchen Betrag Sie maximal insgesamt riskieren wollen. Dies kann auch über einen längeren Zeitraum sein und sollte eventuelle Nebenkosten berücksichtigen. Legen Sie für sich persönlich einen Betrag fest, den Sie für das Daytrading verwenden wollen. Handeln Sie immer nur mit Geld, das Sie auch verlieren können. Ihr Risikokapital sollte immer an die persönlichen Ziele angepasst sein. Also wenn Sie monatlich 6.000 Euro verdienen wollen, bei 1% Risiko, sollten Sie ein entsprechend gut gefülltes Handelskonto haben.

9.5 Die gehandelten Finanzprodukte

Abhängig von den gewählten Faktoren wie Zeit, Risikokapital und persönlichen Zielen halten Sie fest, welche Märkte und Finanzprodukte Sie handeln werden und in welchen Positionsgrößen. Handeln Sie anfangs nicht zu viel auf einmal. Jeder Markt hat seine eigenen Besonderheiten. Wenn Sie einen kurzfristigen Handelsstil auf einer niedrigen Zeiteinheit bevorzugen, wählen Sie ein sehr liquides Finanzprodukt wie den DAX oder die Währungspaare zu den Haupttradingzeiten. Gold hingegen eignet sich beispielsweise auch sehr gut für langfristige Investments, genauso wie Aktien-CFDs.

9.6 Positionsgröße und Anzahl

Nachdem Sie den Markt ausgewählt haben, an dem Sie handeln werden, definieren Sie die Positionsgröße. Also beispielsweise die Anzahl der Aktien bei CFDs, die Lots beim Forex-Trading oder die DAX-Kontrakte die Sie handeln werden. Im Tradingplan könnte also stehen: „Ich werde 0,5 DAX-Kontrakte handeln und maximal 2 Positionen gleichzeitig eröffnen, sobald die Position Break Even ist und ich keinen Verlust mehr machen kann, schließe ich eine der beiden Positionen und verschiebe entsprechend den Stop Loss der anderen". Sie müssen dabei auch nicht immer die maximale

Anzahl an Kontrakten handeln, die Ihr Konto zulässt. Passen Sie die Positionsgröße Ihren Zielen an und nehmen Sie eine Positionsgröße, mit der Sie sich wohl fühlen.

9.7 Trading Routinen

Routinen sind hilfreich, um sich in die richtige Stimmung zu versetzen und den Tag und die Arbeit zu strukturieren. Vor einem Tradingtag sollten Sie die Trades des vorangegangenen Tages ansehen, ggf. Korrekturen an Ihrer Strategie vornehmen, aktuelle Einstiege und mögliche Ausstiege finden. Vielleicht auch noch kurz den Kalender prüfen, ob wichtige Ereignisse anstehen, welche den Markt besonders beeinflussen. Schaffen Sie sich Routinen und Verhaltensweisen, auch für schwierige Situationen. Beispielsweise wenn Sie drei Verluste in Folge haben, pausieren Sie für den Rest des Tages und lernen neue Themen, welche Ihr Trading verbessern. Wenn Sie sich nicht an Ihre Strategie gehalten haben, pausieren Sie den Rest des Tages. Sie haben Ihr Quartalsziel erreicht? Gönnen Sie sich eine Belohnung.

Solche Routinen helfen bei der emotionalen Distanz und vermeiden emotionale Entscheidungen im Eifer des Gefechts. Auf jeden Fall sollten Sie auch das Führen Ihres Tradingtagebuches zur täglichen Routine machen und alle Trading Routinen in Ihrem Tradingplan festhalten.

9.8 Definieren Sie Ihre Strategie

Definieren Sie, welche Strategien Sie handeln wollen. Beginnen Sie am Anfang Ihrer Tradingkarriere mit nur ein oder zwei Märkten und Strategien. Definieren Sie gegebenenfalls mehrere Strategien für unterschiedliche Marktsituationen. Schreiben Sie so detailliert wie möglich auf, wie Ihre Einstiegssignale und Stops zu setzen sind.

9.9 Definieren Sie Ihr Risikomanagement

Einerseits ist es hier wichtig, dass Sie konkret festhalten, welchen prozentualen Anteil Sie von Ihrem eingesetzten Kapital riskieren wollen, andererseits sollten Sie auch Ihre Strategie dem Risikomanagement anpassen. Hier gibt es zwei verschiedene Ansätze: Entweder Sie handeln hohe Stückzahlen und benötigen nur kleine Kursbewegungen, oder aber Sie handeln geringe Stückzahlen und benötigen dafür aber größere Kursbewegungen und längerfristige Trends. Hier gibt es kein falsch oder richtig. Einsteiger sollten das Risiko hoher Stückzahlen nicht eingehen, denn wenn die Position in die Gegenrichtung läuft, kann das schnell zu hohen Verlusten führen. Sobald Sie Erfahrungen mit den richtigen Einstiegen gesammelt haben, ist jedoch auch die andere Variante der höheren Stückzahl möglich.

10 | Schluss

Sie haben das Ende des Buches erreicht und stehen doch erst wieder am Anfang einer hoffentlich erfolgreichen Karriere als Daytrader. Ich hoffe, ich konnte Ihnen die notwendigen Grundlagen zum Thema Börse vermitteln, und wünsche Ihnen viel Erfolg beim Handel und dass Sie Ihre persönlichen Ziele erreichen.

Wenn Ihnen das Buch weiterhelfen konnte, würde ich mich über eine positive Bewertung auf Amazon freuen. Sollten Sie noch Fragen oder Anmerkungen haben, freue ich mich auf Ihr Feedback. Nehmen Sie dazu Kontakt über das Kontaktformular der Webseite auf: http://daytradingbuch.de. Auf der Webseite finden Sie auch in regelmäßigen Abständen neue Inhalte wie Broker Empfehlungen, Übungsaufgaben, Vorlagen und andere nützliche Ressourcen im Bereich Daytrading.

Printed in Germany
by Amazon Distribution
GmbH, Leipzig

22892337R00098